打開新港人的相簿

顏新珠 編著

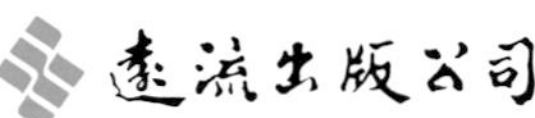

【目次】

〈皇民化運動篇〉

【參】歡樂慶昇平

〈生活篇〉

〈教育篇〉

【肆】有土地，有家園

〈序〉沉默的見證——閱讀新港老照片

新港是台灣早期漢族移民開發的一個市鎮。它曾經繁榮過，經歷過清代、日據，以及一九四九年國民政府遷台幾個不同的階段。一直到今天，它似乎已經並不是一個特別發達的城市，甚至在討論台灣的過去與未來時，新港都未必一定會被放置在重要的地位吧。

然而，當我們一張一張瀏覽這些從清代末期開始被記錄下來的老照片，忽然會有一個很具體的「新港」被串聯起來了。不只是一些古笨港溪遺址中出土的先民的器物，說明著曾經有過的生活的痕跡；也更是在照片術傳入台灣以後，可以藉著這新的科技，更直接地留下了生活的圖像。

一張張照片揭開了一頁眞實新港居民的歷史。他們的面容、他們的傢俱、他們室內的陳列、他們的服飾，以及充分表達他們那一時代特有的台灣人的倫理與人文的美學；透過一張重新被複製放大的老照片，傳達了比文字更眞實的歷史。

是的，我始終覺得：台灣的歷史教育充斥著空洞性的文字，卻忽略了圖像歷史的重要。中國雖然自古說「左圖右史」，但是，圖像始終並未與文字的歷史被同等看重；文字失去了圖像的具體內涵，很容易流於記事的單調，少去了歷史中以人作爲主體、以生活作爲血肉的內涵。

一八九五年台灣割讓給日本是台灣史上的大事，但是，它在大部份台灣現代居民身上依然可能只是一個空洞的紀年，並沒有情感上具體的內容。但是，當我們翻閱到新港的這一時期的老照片，一方面是洪炳、林維朝等新港漢族的士紳階級展現出的傳統文化絲毫未曾動搖的人文品質；

另一方面，日本旗在新港公學校的朝會中升起，以及，一九四二年八月二十七日，新港番婆庄的壯丁已經在日本皇民化的政策下引進了「相撲」的比賽。

歷史的圖像，以遠遠超過文字的具體力量感染著我們的視覺。一個時代，一群人活過，以他們認爲最合理幸福的方式活著。政治的局勢在改變，政權在轉移，他們或許知道，或許不知道。他們可能相信可以繼續依循傳統活著，或者他們已經意識到要隨時代的變遷改變生活的內容。面對一張張老照片，我忽然覺得來自文字的判斷都可能存在著偏見和遺漏，但是圖像的歷史，往往超越了個人的主觀，可以一種完全沉默的方式成爲歷史永不能辯駁的眞實。

台灣的歷史，經由文字的系統，已經有各種不同的定位和解釋。日本統治時代努力建立的一套系統，在一九四五年以後被摧毀了。一九四九年遷台的國民黨政府當然更意識地要改寫日本留在台灣的歷史。而今，台灣的歷史仍在爭論中，也一定隨著不同政權的介入會有不同的立場（每一個立場也必然是某一種偏見吧）。因此，我心中默想，應該有更多台灣的鄉鎮像新港一樣，開始蒐集自己地方上的老照片，借助於這些時代見證一般的老照片，將會慢慢浮現起一個台灣圖像歷史的輪廓。它或許表面上看來沒有文字歷史那樣清晰，但是，它一定是更具體，也更豐富的歷史；它一定可以在充滿了對台灣歷史妄加偏見的時代中做一種沉默的見證，見證這地方曾經有人努力活過，在一切天災人禍中活著，也在承平富裕的年代心懷感謝。

新港整理出來的老照片有一九三四年新港知識份子爲了配合日本文化政策演出的「農村振興文士劇」，由新港庄役場的職員演出，照片中也可以看出女性角色多由男性反串。

二次世界大戰期間，日軍編派新港青年山區刮剝樹皮，抽取纖維以編製衣服。

一些時代的片段，其實無法立刻看到歷史的大事，但是，每一張老照片的背後隱藏著一段不可抹滅的歷史。那段歷史，在風塵久遠之後，提供了一個畫面，使人低徊反省，使人慨嘆沉思，卻已遠遠離開了誰對誰錯的爭論，只是一個永恆的畫面，使人知道在歷史前應有的謙卑，而所謂「歷史」應當是一切活過的人的生活的艱難吧。

很多老照片，事實上並不直接牽繫到新港的全部人的歷史，但是，他們以十分個人的方式完成的自我，又的確已是新港（甚至台灣）不可分割的一部份。

日據時代的台灣籍警察李魁俊。一九三○年代辭去教職，學生們為答謝恩師留下了一張照片的老師陳陸。現在九十一歲、在新港以信件「配達」為職業工作了三十七年的老郵差林在……

這些在大歷史中可能一點不受重視的個人，相反地，在重視具體、重視生活的圖像歷史中就顯得彌足珍貴。因為他們，歷史才有了豐富的內容，因為他們，歷史才不會被過去或未來的政權的竊奪者扭曲成令人沮喪空洞的教條。

從台灣近代強烈的移民性格來看，穩定性的地方社區歷史，一直不容易形成，加上外力政治的干預，台灣的歷史始終彷彿沙上建塔，變成一次一次悲壯而又徒勞無功的累積。

只要在二十年前，如果如此積極的整理台灣地方文獻圖片，也許都要觸犯禁忌，顯然是因為隨著政治的解嚴、熱愛自己鄉土的心情才可能被鼓勵成為更具體的行動。

新港文教基金會在一個迅速變遷的時代，試圖要在經濟大改組的潮流中，挽回一點「小市鎮」的存在尊嚴罷！我們今天所說的「台北人」或「高雄人」，其實都可能是從新港、埔里、美濃、旗山這些小市鎮湧入都市的新移民。

在整個城市工商業的魔力下，台灣的小市鎮難逃人口流失的命運，而同時，文獻、古建築、歷史記憶都可能隨著全部被摧毀。

廖嘉展、顏新珠二人所做的整理舊圖片的工作，因此可以是台灣小市鎮爲自己定位歷史的一項重要工作。只有這些地方社區性的記憶更具體了，台灣的地方之愛也才有穩定的基礎。我甚至在夢想：九份、瑞芳、汐止、北投、淡水、大龍峒、大稻埕、萬華、三峽、大溪、鶯歌、北埔、霧峰、大里、沙鹿、鹿港、東埔、達邦、安平、南鯤身、鹽埕、望安……，我們其實有數以千萬計的小小社區，可以像新港一樣初步先整理出一套圖片文獻，形成一個地方歷史的穩定記憶，而這些記憶的匯集才會有一個眞正的台灣人的歷史，台灣人的歷史是在沉默中生活下來的永不可辯駁的記憶。政權在轉移、經濟結構在改組、社會在變遷，他們或許知道或許不知道，他們以自己認爲最合理幸福的方式活著，並盼望子孫也能更合理幸福的活著，在艱難中，加倍努力，在承平富裕時，心懷感謝。

蔣勳
於台中東海

〈序〉建構百年台灣史的庶民影像

這些日子來，新珠在新港的工作是令人敬佩的。一方面暫時放下攝影的本行，拿起尿片、奶瓶照顧棠棠及耕樂兩位幼兒，讓嘉展可以無後顧之憂地進行《老鎮新生》的寫作及基金會執行長的工作，另方面在照顧小孩之餘，幫基金會收集新港老照片，翻拍、放大、整理，甚至走入田野採訪，這工作陸續進行了二年之久，最後，一本由上千張新港老照片挑選出來，加上詳細圖說及背景說明，編輯而成的《打開新港人的相簿》終於要出版了。

決定收集新港老照片是在偶然的情況下開始的，二年前基金會幫嘉義縣匯整八十三年全國文藝季活動計劃時，第一份的企劃書，被專家學者及文建會長官批評爲主題不夠明顯，不符合文建會要求，不得已的情況下重新構思內容，最後決定以「親近新港」爲主題，並突發奇想地想利用新港鄉親家中仍保存的老照片，來訴說三百多年來古笨港到新港的故事。在當時，這是一份完全沒有把握的工作，因爲老照片除了出現在官方檔案中，或者特殊歷史意義的記錄中，幾乎鮮少見到，加上一般民間有逝世後燒毀遺物的風俗，老照片通常包括在內，新港到底剩下多少老照片，誰都沒把握。因此，想要在新港這種小鄉鎮找到足夠照片來拼湊出時間在日常家居生活走過的足跡，是台灣各鄉鎮地區從來沒有這麼大力嘗試過的工作。這份幾乎不可能的構想，除了藉助基金會多年在地方收集整理歷史資料打下的基礎外，嘉展及新珠夫婦的及時投入，是圓滿達成不可或缺的主要因素。

文藝季展覽期間，不僅在媒體獲得莫大迴響，鄉親更徘徊流連於展覽會場不忍離開，在每幅老照片前指指點點，訴說過去的點點滴滴，臉上流露的興奮、忘懷、甚至感傷的表情令人感動不已，新港人相互間的距離突然縮短許多，新港人共同的記憶被喚醒了。原來，我們祖先曾那麼辛苦因水患從古笨港遷到蔴園寮，從滿清到日據到民國，曾一起抵擋過八七水災，崙仔大火，曾遠赴南洋當軍傭……

▲1994年全國文藝季，新港老照片展覽現場。

延續這股熱潮，展覽當時陸續又發掘不少珍貴老照片，因此基金會決定將這批老照片整理出版。文藝季結束後，這工作全部落到新珠身上，整整又工作了一年半，加上田野採訪，經由老照片裡碩果僅存的老人口中訴說當年種種情景，一張張老照片在新珠這般努力下，突然間鮮活起來，彷彿回到了三○年代、二○年代，新港是那麼質樸、恬靜、有那麼一群人努力保存著文化，公而忘私，宛如當今基金會這群可愛的義工們。

新港庶民生活的歷史圖像就在一張張新珠挖掘出的老照片中建構起來，不僅浮現新港的過去，更見證了百年來台灣歷史演變的軌跡。

簡短記錄新港老照片收集的過程；有誰敢說，拿奶瓶的手，不能完成偉大的工作。謹於此一方面作爲本書的序，另方面感謝所有提供老照片的鄉親及協助本書出版的朋友。謝謝。

新港文教基金會
董事長　陳錦煌

【壹】曾經有個地方叫笨港……

曾經有個地方叫笨港……

從新港南壇水月庵，到北港北壇碧水寺之間，300多年前，正是古笨港的所在地。

遠古，這裡曾是曹族、平埔洪雅族諸羅山社和打貓社的活動地，梅花鹿四處奔馳。來自中國和日本的海盜，有時也在這裡歇腳。

1621年（明天啓元年），橫行中國沿海亦盜亦商的顏思齊，帶著鄭芝龍等部衆，在笨港登陸，建立笨港十寨，正式開啓漢人拓台的歷史。

1622年，福建船戶劉定國，恭請湄洲天后宮媽祖，護祐航程的平安，當船行經笨港時，媽祖顯靈，指示要在笨港落腳永駐，笨港十寨的人民於是輪流奉祀。到了1700年，笨港街的居民，就建立天妃廟加以崇祀。

根據1717年（康熙56年）《諸羅縣志》的記載，當時的笨港街，「商賈輳集，台屬近海市鎮，此為最大」。每逢端午節，觀賞溪中划舟競渡的遊客擠滿兩岸。1750年（乾隆15年）時，滔滔的笨港溪氾濫，新生的水路將笨港街中分為二，形成「笨港南街」與「笨港北街」，也就是後來的「笨南港」與「笨北港」。

當時擁有4千餘住戶的笨港，街中有清廷派來的守備兵，有治理地方的知事，近海處有水師防守的砲台，內地有縣倉，溪中常有數百艘以上的竹筏，直接與中國做買賣、運送貨物。1760年（乾隆25年）出版的《續修台灣府志》，形容舟車駢闐的笨港街，已有「小台灣」之稱。

1782年（乾隆47年）漳泉械鬥，漫延全台。這時住在笨南港的漳人和笨北港的泉人，也處在疑懼中。笨北港泉人吳妹、生員施斌等以彰化泉人被漳人焚傷，又擔心笨南港素為豪強之地，決定先下手；夥同168人，前往笨南港攻

◀◀清末，在新港「做木仔」，經營棺材店的林德利（1850－1925）與其妻林陳氏庄（1858－1925），攝於女婿洪炳的住處。

新港大多是福建漳州移民的後裔。林德利的來台開基祖林連生，本在漳州龍溪縣經營瓦窯，於清乾隆年間渡台，在滬尾落戶。到第3代時，才移居新港。

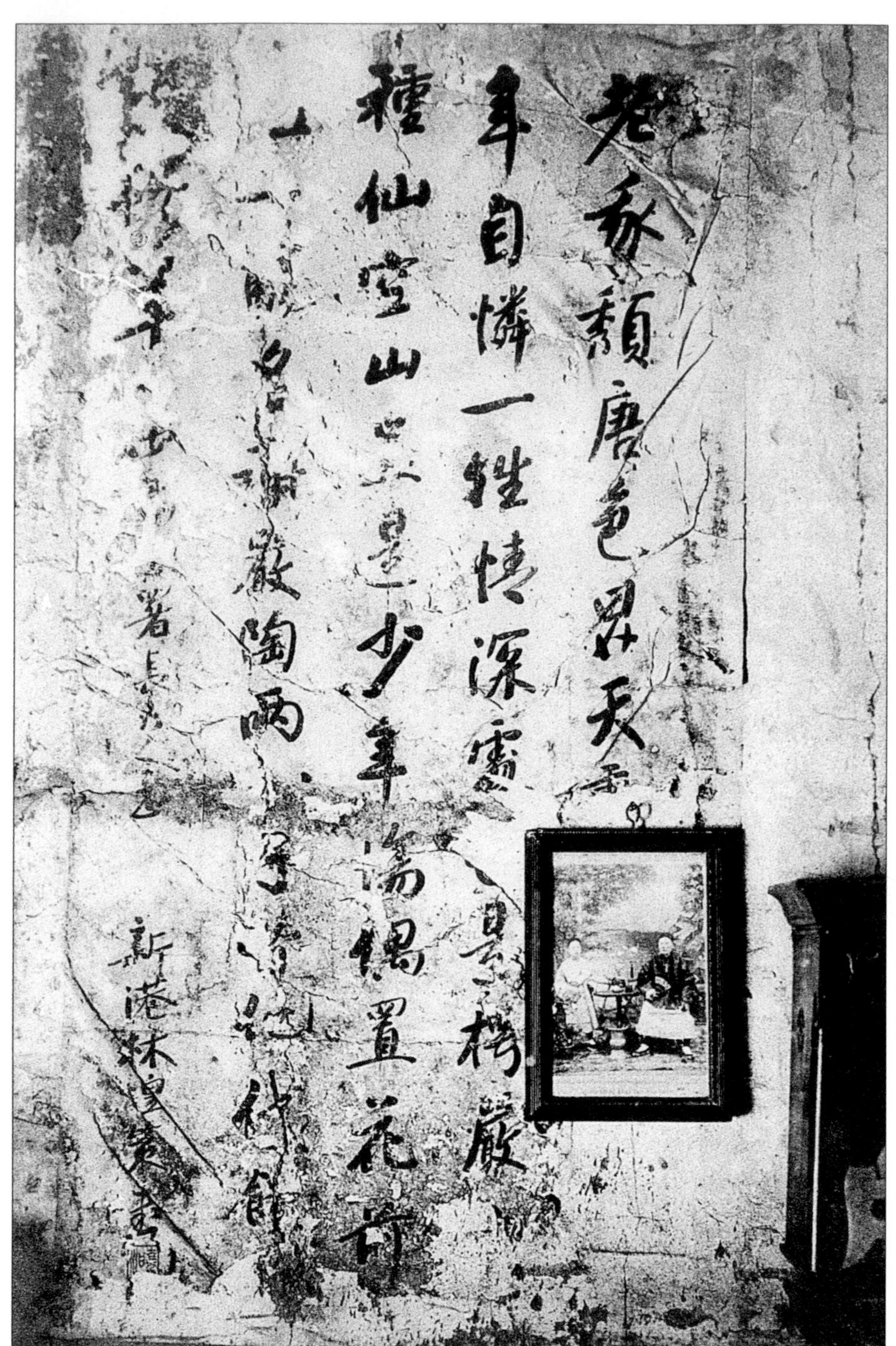

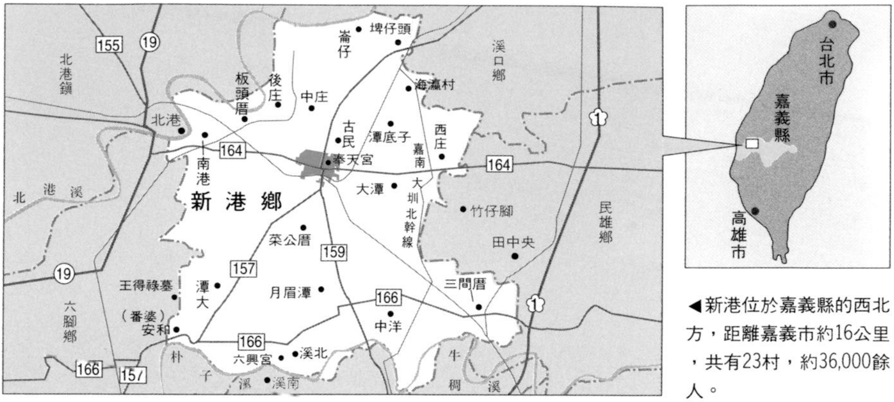

◀新港位於嘉義縣的西北方，距離嘉義市約16公里，共有23村，約36,000餘人。

庄、放火，攻過牛稠溪，月眉潭等 138 庄焦土片片，笨南港受重創，殷商巨富出走，隨即走上沒落的道路。

1797年（嘉慶 2 年），台灣遭受強烈颱風襲擊，全台災情慘重，笨港溪的烏水橫溢街衢，笨港街幾乎蕩然無存地崩陷溪底。天后宮、水仙宮、協天廟亦遭沖毀。

嘉慶 3 年及 4 年，連續的水患，使得笨港南街，再也不能居住下去，只有他遷一途。在1799年遷徙到距離笨港南街 3 公里處，離河道稍遠、地勢又稍高的「麻園寮」。

蔴園寮原本只是以栽種胡蔴爲主的小聚落，一下子擁進人數遠超過本身的移民，又帶來官署和寺廟，居民變成以笨南港來者爲主，於是改地名爲「笨新南港」，有新的笨南港的意思。

笨南港經過大規模的遷村之後，迅速的沒落，笨新南港則逐年地發達起來，到後來笨南港索性就稱「舊南港」，而笨新南港也因爲 4 個字的地名太長，乾脆就叫「新南港」，以有別舊南港，後來又把「南」字去掉，直接叫做「新港」。

清代，王得祿倡建奉天宮和登雲書院，穩定了笨新南港的發展；林維朝捍衛家園，啓動了新港人參與公共事務；洪粉員創設北管同樂軒，他們對新港有著深遠的影響。

◀◀圖右下角的照片，是出生於清咸豐年間，開設糖廍的新港巨商林煌策（1860－1906），在「走日本反」時，帶著一擔銀子和妻小，內渡到廈門時所拍攝。

背後書法是林煌策原本寫好要送給日本友人的，尚未寄出，他就去世了。

▶出生於嘉義縣太保市的王得祿，是清朝台灣人中官位最顯赫的名將。與新港淵源極深，「奉天宮」、「六興宮」都是他所倡建的。

「王大人」

王得祿（1770—1842）生前官拜太子太保、浙江水陸提督，死後追晉太子太師，是清朝台灣人唯一受封伯爵稱號，官位最顯赫、戰功最大的歷史名將。

王得祿於清乾隆35年出生於嘉義縣前溝尾（今太保市太保里），少年時生性好武性情外向，具有一副俠義心腸，但鄉人卻把他視作「浪蕩子」看待。在他父母過世後，由他的兄嫂扶養長大。15歲進入諸羅縣武庠習武，在近 3 年的時間裡，他勤練各種兵器、學習騎射，閱讀兵書韜略。

乾隆51年，台灣爆發最大的一次民變，打著「誅殺貪官、以安百姓」旗幟，由林爽文領導的天地會聚衆起義。

林爽文圍攻諸羅縣時，正在習武，17歲的王得祿，奉命赴台灣府城請求救兵，在嫂嫂許月的鼓勵下，他散賣家財，招募義勇 500 人，投奔台灣鎮總兵官柴大紀的駐地。王得祿因平定林爽文之亂有功，被授予軍前把總，從此，他踏上了仕途，展開數十年的戎政生涯。

清朝渡過「康乾盛世」太平期，到乾隆52年至60年間，閩南連年發生旱澇瘟疫等災，以致「禾苗變蔥，不能結實」，東南沿海各地農、漁民迫於生計，很多人淪爲海盜。

嘉慶年間海盜蔡牽橫行東南海面，他們封鎖海上交通，令海商購買「免劫票照」，凡商船出洋者，勒稅番銀 400 元，回船要加倍，如果不給就財命俱失。

王得祿自嘉慶元年改隸水師後，經年在數千里的洋面上追擊艇匪與海盜。嘉慶14年，王得祿集閩浙兩省兵船，殲滅蔡牽、朱濆，沿海一帶居民都以「王大人」尊稱這位身先士卒的殲盜英雄。30多年的軍旅生活，歷經百餘次海陸大小戰役，王得祿每逢風雨之夕，身上大小傷痕處處作痛，53歲那年他隱退回台，住在太保，並在新港溪北村建有公館。

王得祿篤信媽祖，新港奉天宮、北港朝天宮、溪北六興宮三座供奉媽祖的廟宇，都與他有很深的淵源。

相傳乾隆年間有一次笨港溪大洪水，山上漂來一塊樟木，流到三康榔庄（今元長鄉客仔厝）被庄民拾到。這塊樟木到了夜晚會發出皓光，庄民就把它送給笨港天后宮，笨港街民鳩資敬雕成 3 尊媽祖神像，「大媽」、「二媽」、「三媽」，與原有之「船仔媽」奉祀在天后宮。

嘉慶 4 年笨港溪洪水再次氾濫，笨港街、天后宮橫遭衝毀，住持景端法師將廟內神像、文物東遷至崁園寮，遷離

笨南港的商民，一時無力重建廟宇，就暫存放在蔴園寮土地公廟肇慶堂（現警察分駐所）內。蔴園寮自此改稱「笨新南港」，即今之新港。而王得祿爲感念媽祖的神恩，倡建新宮廟於笨新南港，歷經12年，新廟於1811年（嘉慶16年）落成，並蒙嘉慶帝賜名爲「奉天宮」。

因溪流阻隔，笨北港居民要到笨新南港朝拜媽祖，頗感不便，要自建廟宇，堅持要請最靈顯的「三媽」，後經王

◀王得祿有10位妻妾，其後代子孫分佈全省各地。圖中坐者為王得祿第三房孫媳婦江大德，於1902年80大壽時和家人合影。住在溪北，93歲的蔣乾談到：「聽阮阿嬤在講，當年王大人的棺材從太保要抬到番婆（今新港安和村）埋葬，一路上都是橫著走。」

得祿出面調解，「船仔媽」、「大媽」留在笨新南港，「二媽」分祀於笨北港，「三媽」則由「王大人」請回溪北王公館奉祀。爾後王得祿倡導溪北、月眉、月潭、番婆、後庄仔、後厝仔六庄人士合建媽祖廟，1839年落成，王得祿親自命題宮號「六興宮」，奉祀三媽。

1841年中英鴉片戰爭，王得祿以72歲高齡駐防澎湖，隔年，不幸病逝行營。病榻時口授家人遺摺，猶謂：「此身雖歿，此心不滅；生未能滅逆夷，死當爲厲擊賊。」死後道光皇帝賜葬，賞銀 500 兩，經理喪事。

王得祿墓園佔地約 1.3 甲，墓前的石馬、翁仲局面宏敞，石雕精美，爲台灣一級古蹟。

公爾忘私林維朝

林維朝（1868—1934）新港人稱他爲「前清秀才」，也有人叫他「參事伯」、「北頭仔皇帝」，清末日據時，在新港是一位「喊水會堅凍」的人。

林維朝自小資質聰穎，幼時入私塾飽讀四書五經；一方面又愛縱覽小說，優遊於弦管歌曲、圍棋打槍之事。18歲那年，因爲豪族相欺，以無理壓迫其父，年輕的林維朝滿懷氣憤，身懷刀槍想跟對方理論，卻遭到父親阻止，告訴他應當勉勵學業以求功名，得志時再跟對方爭也不遲。

由於族親的欺壓，而發奮求學的林維朝，在1887年（光緒13年）5 月16日，20歲的他頂著「新科秀才」的頭銜，在親友以鼓聲、樂聲伴著數十個陣頭的簇擁下回到新港家中。6 月，他的父親突然發病去世，往年家計的維持僅靠大小租金千兩的收入，在其父生前時已入不敷出，加上他進學赴考 300 餘兩、喪費 600 兩的費用，兩代單傳身爲獨子的他，典賣 3 塊土地才支付這筆開銷。

25歲時林維朝被任命爲打貓西堡分局長，辨理冬防。那時新港通往北港的路上，有匪徒黃矮一幫人，看到過往行人有貨則搶、有人則捕，康莊大道一般人卻視爲畏途，官方又對這群匪徒束手無策。

後來林維朝在嘉義縣丞鄧嘉鎭的幫忙下，帶著鄉勇，會同笨港縣丞陳履益，直搗賊巢擒匪首，將黃矮送縣府斬首正法，黃矮的頭還被懸掛在北港街上示衆，自此通往北港的路上盜匪絕跡。

◀年輕時期的前清秀才林維朝，在新港非常有影響力，是一位「喊水會堅凍」的人。

林維朝也由父親眼中「嬌養慣，每飯須人」的一介書生，轉變爲清末日據初期，靖土匪、救人質、討不義、理不平，捍衛地方的守護者。

1894年甲午戰爭爆發，林維朝被任命爲打貓西堡團練分局長，團練局設在媽祖廟，各庄選擇壯丁500名，並按各庄戶數、貧富程度分攤費用，維護地方的安寧。

85歲的林振邦，談到他這位叔公的威名，「當初新港許家、李達兩位魚販，從布袋、東石挑虱目魚回來賣，半路

▲爲了慶祝林維朝60大壽，林家於屋前的馬路上，連續演了3天的「大戲」，擺了3天的壽宴，供前來道賀的人潮食用。

中坐者爲林維朝和繼室何氏浮，林維朝旁爲長子林蘭芽和次子林開泰。

怕被搶，就揷上林維朝的旗子，匪徒一看不敢動手，一路平安走回新港。」

日據時，林維朝當過打貓保甲局評議員、新港區長、嘉義廳參事等。地方上若有紛爭，只要「參事伯」出面，就可以化解。一般人若聽到「參事伯」調單召見就驚嚇，深怕做錯事，被他的煙嘴頭仔往頭上敲，就連日本警察也畏他三分。

「新港人都怕阮阿公，阮爸爸蘭芽和阿叔開泰也都怕他，只有我跟金生兩人較敢接近伊。」林光閭談到祖父林維

朝時說到。

有一次，林維朝聽到風聲說，做庄長的長子林蘭芽在北港溪畔登記了一塊河川地，就不得了，深怕別人誤會，狠狠痛罵他，遭父親重訓的林蘭芽嚇得三天都不敢回家。

總統府資政林金生談到這段歷史時說：「阮阿公後來寫一幅『公爾忘私』的橫匾，掛在阮阿伯的辦公廳，公爾忘私這四個字也就成爲阮林家的家訓。」

身爲林維朝的二媳婦、林開泰的繼室，91歲的吳秀春說：「昔日阮大官（公公）很封建，女人不可以見外客。」

▲清末捍衛新港的林維朝，於1934年過世。「出山」時，各界致悼的輓聯白布滿街飄揚。

▲▲兩代單傳的林維朝，在26歲時，元配洪氏產下一子。林維朝希望妻室能替他多生好兒，子孫能像蘭花出多芽的繁榮茂盛，將長子取名爲「蘭芽」（右3）。左1爲其次子林開泰，左2爲其同宗姪子林典，右1爲其繼室何氏浮。

公學校畢業後在員林幼稚園任教的她，在家時母親一再告訴她，款待父母要親身。初嫁到林家時，看見婢女捧點心要送去給林維朝，她就接手拿去。剛開始林維朝就暗示她，讓婢女做就好，看她下次又去，就跟她講明，隨時有客人會來，怕她被客人撞見。

◀在叔公林維朝「出山」時，擔任扛棺材行列的林振邦回憶說：「當年是『滿山白』，整條街都是人，兩邊都有人擺路祭，連乞丐也來祭拜。」

「有一回阮大官的朋友就對他講：德卿兄，你厝內這些查某人，都被你『關』得變傻傻的。阮厝住的是『金包銀』（厝身是草，上覆屋瓦），外面看來真好看，其實是『食一碗米欠人九碗糜』，大官一生做好代誌。」吳秀春說道。

▲累世經商，爲人慷慨好義的洪粉員，人稱「粉員仙仔」。精於北管的他，是新港北管同樂軒的創設者；南北弦友來新港交流時，都知道「粉員仙仔」家的飯桶較大，都是由他在招待。

洪粉員家族

洪炳（1877—1936）其先世洪穗記自漳州移民來台，即定居新港，累世經商，以賣布兼開設染房起家。到洪炳的父親洪粉員（1841—1904）時，家產富裕，又慷慨好義。

清末民初，新港北管名聞全台，有「北管巢」之稱。當時洪粉員和他的5位結拜兄弟，精於北管，是新港子弟戲「同樂軒」的要員。「粉員仙仔」所開設的合隆布店更是同樂軒的大本營，南北弦友相交流來新港時，大夥都知道「粉員仙仔」家飯桶較大，都是由他在招待。

洪炳自小耳濡目染，對北管很熱衷，同樂軒的經費，都

▲家產富裕，開設染坊、布店的洪粉員和洪炳（圖中立者）父子，一直是新港北管同樂軒最大的支助者。圖桌子上的時鐘，在百年前是稀少、價昂的物品，一只可抵一棟樓房。

由其父子兩代支助。洪炳交友寬闊、爲人慷慨。有次同樂軒應邀到台南府城排場，開布店的他毫不吝惜，拿出一匹匹的布送給軒員做制服。

一位家住北港的弦友，有次家裡拜拜，邀請同樂軒的弦友，到他家作客。洪炳知道他的經濟能力不是很好，事先拿錢給對方辦桌，請客時再帶弦友前往坐桌祝賀。

日據時，洪炳擔任新港 4 保保正，保正須負責收齊保甲費，「後來洪炳嫌一戶一戶收麻煩，乾脆自己出。」擔任 4 保甲長的林華嵩說。

洪炳辭世後，加上戰時，戲曲活動暫告消寂，洪粉員父子兩人視爲瑰寶，精心整理的曲譜也四處散佚。

奉祝
昭和參年拾壹月御大典紀念

【貳】紅太陽高高掛

紅太陽高高掛

1895年（明治28年），清廷在中日甲午戰爭中，吃了大敗仗；4月中旬，李鴻章在日本馬關的春帆樓，簽下馬關

◀1895年，進入日本統治時代後，新港人的生活隨著起了一些變化。

圖爲1928年11月 3 日，新巷庄庄役場和嘉南大圳組合爲紀念明治天皇誕辰紀念日，扮演日本武士，舉行化妝遊行。

條約，割讓台灣、澎湖、遼東半島給日本。這個在清朝眼中「三年一反，五年一亂」的化外小島，再度易幟。

「走日本反」時，台灣全島陷入無政府狀態，土匪猖獗，日劫夜搶。新港街上的富民多收拾細軟財物，偷偷寄托

▲1920年地方改制時，日本人將新港一帶改名「新巷庄」。林蘭芽（前排中坐者）於1927年至1937年擔任新巷庄庄長時，與庄役場職員合影。

在鄉下的親友家。３月澎湖失陷時，新港曾一夜被劫兩家，林維朝與庄民議決，雇丁巡邏防守，勵行聯庄革匪的約定。

７月15日，日軍已至大蒲林（今大林鎮），當時有南部反抗軍劉連源帶領一營兵士，想到大蒲林與日軍對抗，但被打貓（今民雄）街民，誤以爲是叛勇而圍攻追殺，慌亂中逃到新港，被庄民捕獲24人，送到奉天宮內的團練局。衆人主張將這些人斬殺，獨團練局分局長林維朝力排衆議，他知道這些人並不是叛軍，告訴衆人即使是叛軍，也不應該私自加害，林維朝聲嚴色厲的告訴衆人，誰敢殺害這些人，一定痛懲他，乃派家丁護送他們到縣城。

當時全島一片混亂，南部反抗軍開到中部打了敗仗往南逃時，沿途都被無知的庄民截殺。甚至各地有外鄉人來，一看是生面孔，也遭到捕殺；有來台以補缸甕維生的唐山

▲1929年新巷庄協議會成員合影。

日據時，在州、市、街成立協議會，半由官派半由民選，只是諮詢機構。

客，被看作是奸細，遭到殺害。

8月20日諸羅縣城陷落，林維朝帶著8名家眷，渡海回漳州龍溪縣的東山老家。新港的巨富林煌策帶著一整擔的銀子，舉家內渡到廈門，「下船時，叫長工穿上破衣破褲，塗上牛糞，全身像長疔、又臭又髒，長工走在前頭，阮阿爸跟在後面，裝作不認識。」林煌策的長子林華嵩說。

9月林維朝中庄糖廍，被3、40名土匪劫去11頭水牛、2枝槍；11月上旬林維朝爲了糖廍的事情偷偷回台，19日，他的雇工持毛瑟槍被日警捕獲，林維朝成爲被通緝的對象，而四處躲藏。日警在北港、新港一帶調查，得知他是地方上最有名望的辦事員，當時新港街上70餘戶商家，一齊到北港警察署出張所陳情，說明林維朝是前清秀才，衆人推舉爲團練局分局長辦理地方事務，並不是匪首而逃過一劫。

▲1934年新巷庄役場職員，表演「農村振興文士劇」時合影。

當時殖民政府開始從文化活動中同化台民，在新港，新劇變成農村振興文士劇，由庄役場職員粉墨登場，演出種種忠君愛國劇。

在生活煎逼，老母思鄉心切之下，2年後林維朝又舉家回新港。

1897年（明治30年）10月，新港設立保良局，1910年（明治43年），林維朝被任命爲新港區長。

1920年（大正9年），地方制度改正，同時更換很多地方的地名，當時地名是「新港」的也有好幾個，日方一看現今新港並沒有港，就將「水」拿掉，改叫「新巷」，將月眉潭區及新港區合併，稱做新巷庄。新巷庄在統治者看來，是個「民情極平穩」的地區。

「燦爛的陽光　普照肥沃的大地
昔日草叢柴門　今日交通要道
這就是我們的　新巷庄
山頂千古的積雪　輝映著昇起的朝陽

▲7歲喪父，靠母親扶養成人的林典（左5），在新巷庄庄役場擔任助役時，喜愛音樂的他，倡議職員籌組西樂團。平常自娛並在節慶活動時演奏。

和看著我們長大的新高山（指今玉山）
發音相似的這片樂土（新高日文發音與新巷相同）
這就是我們的　新巷庄
前有遼闊的平原
後有新高山及次高山爲脊樑
蒼茫沃野之中
人們充滿愛與信的榮耀之鄉
這就是我們的　新巷庄」

這首新巷庄庄歌是統治者徵求庄歌時，由土田義介所寫的詞，和畢業於台南師範演習科的庄民林錫輝所作的曲，脫穎而出。林錫輝所獲得的賞金，在當年足足可以購買兩牛車的稻米。

紅太陽高掛在天空，新巷庄庄歌迴盪在廣漠的平原裡。

生活篇

▲新巷庄埤仔頭派出所的「大人」們合影。

日據時，「大人」是權威的象徵，他們一手執劍一手執經典，於捕盜斷訟之餘，還從事教育慈善等事業。

舉凡治安、稅務、衛生、勸業、土木、農政及其他諸般政事，人民眼所見、耳所聞的官吏，就是警察，各種行政，非得警察的支持，就無法推行。

警察大人

日本統治台灣50年，台灣治安的成效，是世界殖民地少有的。台灣的警察，不但在維持和確保社會治安上，形成鞏固的基礎，更進而積極地成爲日本開發台灣經濟的「推動者」和「實踐者」。

67歲警察退休的許宏渠提到，當年遇到「大人」，沒跟他敬禮，就打了過來，門口若有四色牌，看到就打。對於哭鬧不休的囝仔，一句「再哭，大人來了，就捉去關」比什麼都好用，馬上止哭不鬧。

在新生活運動時，殖民政府鼓勵台灣人開廁所，打破光廳暗房的習性，設窗戶、開天窗、砍竹叢、清水溝、滅鼠疫、治瘧疾，定期做環境衛生檢查。父親擔任保正，當年經常陪同「大人」做環境衛生檢查的林玉鏡提到，通知要

檢查時，各戶就將屋內的東西拿到外頭曝曬，裡面要擦、要洗。

「若沒淸，就請你吃籐條；要他檢查過，東西才能搬進屋內。」林玉鏡說。檢查完，「大人」就在門上貼上清潔

◀日據時期，日警於台南縣關仔嶺集訓合影。

當時台灣的警察以日本人爲主體，到投降爲止，台籍警員約佔20%—30%，而且都是屬於下級的輔佐工作。警察，是日據時代政府權威最具體呈現。

、最清潔、不清潔的單子，不及格的改天再檢查。

1938年，因應戰時，設置「經濟警察」從事取締違反經濟統制的工作，並以全力從事米及其他主要物資的配給。不僅人要報戶口，豬囝子一落土也要報戶口；自己種的稻子都要交出去，要吃照配給，不能自由買賣。

要割稻時，先來測量 1 坪地平均稻重，看你播種面積有多少下去算，「要交多少，不能有閃失，否則懷疑你闇み（私下買賣）。」85歲的林振邦說。

豬肉照配給，不能私下買賣。住在灣仔內的吳文欽，偷偷地宰殺一隻小豬，爲了躲避經濟警察的搜巡，他將小豬頭戴帽子、腳穿鞋子，再由太太用背巾緊緊地蓋住背著，裝作生病的囝仔要去看醫生，以兜售豬肉。

1944年，開種子店的林華嵩，在店裡秤農民拿來的豆子，剛好小口巡查走過來，懷疑他私下買賣，拿起簿子就登記。他一想到明天調單若來，到派出所免不了一頓痛打，當晚趕緊託人拿了 5 元去「進貢」，才擺平。

「 隔天，我就把種子店的生意廢掉，不做了。」林華嵩說。

住在大潭的柯天成，養了一批土番鴨，一日巡查來到他家，看看他的鴨子後，就逼問他：鴨蛋都到那裡去？柯天成一再跟巡查解釋，土番鴨不會生蛋。巡查氣沖沖地罵他私下買賣，帶到郡裡。一直打，一再地問：土番會不會生蛋？他只好改口說會。

「紅面鴨公和生蛋鴨所交配出來的土番鴨，明明不會生蛋，」西庄老保正何士有說：「日據時，眞酷刑！台灣人驚打，眞好管，土番打到會生蛋！」

保甲制度

1898年，兒玉源太郎出任台灣第 4 任總督，學醫出身的後藤新平就任民政長官。當時抗日事件不斷，除日警的鎮壓外，後藤更創立保甲制度，維護治安。

保正和甲長屬無給職，但保正可以取得販賣公賣品的特權。各戶須分擔保甲經費，保甲的職務大致可分爲警察、

▲嘉義郡第一回「保正」訓練結業時合影。

日據時，設立「保甲制度」，以10戶爲1甲，10甲爲1保，甲設甲長，保設保正，充當警察的補助機關，用住民連帶責任的方式，維持地方的秩序。

戶籍、稅收三項，並訂有14條保甲規則，從修理道路、橋樑，水溝的清潔到搜查土匪強盜等，各家所負義務的項目在百種以上。若家人有超過1晚的外宿，或他人住宿家中，家長有義務把地址、姓名、年齡、職業、目的以及住宿的日數記明，逐次報告。

「阮子有一次外出，沒向分駐所報告，剛好被大人查到，一大早就被調去詢問，一直到晚上才放回家。」91歲的林華嵩說。

牽引機上路

1898年起，台灣總督府推行一項重大的基礎事業，以整理大租權爲中心的土地調查工作，在台灣平原地區展開。土地調查的結果，使許多無人繳稅的隱田一一曝光，田地丈量的面積，由原先劉銘傳丈量的36萬餘甲，增加到63萬

餘甲，精確地掌握課稅面積，確定土地的權利關係。

1920年，以煤炭爲燃料的牽引機，正式在田間上路，兩架牽引機各以輪槽放鋼線，拉動拖拉機耕作，替代水牛和人力。這種價昂的新式機器，都屬於新式製糖工廠所有，進行大面積的耕種。

◀1920年代，製糖會社爲鼓吹栽種甘蔗，出動牽引機下鄉。

當年有3、4甲地以這新式深耕犁犁田的林華嵩說，深耕犁一犁就到膝蓋，種甘蔗很好，種稻子太深不適合，會社的目的是要你種甘蔗不講，就說是要「土地改良」。

壯丁團

日據時，每一保要選出若干身強力壯、品行優良者組織「壯丁團」，壯丁團受郡守、支廳長及警察署長的監督，有事情則須聽警察的指揮命令。每年正月新巷庄都要舉行

▲圖爲防火週時，新巷庄庄役場和壯丁團，所舉行的遊行表演。

壯丁團除了幫忙搜查捕捉匪賊之外，也做消防、救災的工作。

消防出車式，全新巷庄水龍車全部出動，在空地上搭一座約 2 層樓高的草寮，潑油燃燒，比賽各團打火的速度。有時以庄爲單位，一庄一個長竹竿上頭綁燈籠，看那一庄的水龍車先打下來。

「有一年阮月眉潭先打下來，新港那邊不甘願，水龍車的水就噴過來，平平壯丁生怨妒。」30歲時就擔任月眉壯丁團團長的林清泉說。

每年在10月、11月時，嘉義郡全郡40幾團壯丁團舉行檢閱比賽，新港、月眉兩團壯丁團經常互爭 1 、 2 名（優勝團、優良團）。

1931年，新港奪得第 1 名，月眉第 2 名；隔年新港第 2 名，換月眉拿到第 1 名，兩團常輪來輪去。郡比賽完，隔年 2 月台南州10郡22團再競賽一次。

代表嘉義郡要到台南州競賽前，得集訓整個月，當年新

▲新巷庄壯丁團比賽後合影，中立者爲當時新巷庄壯丁團團長何以敬。

當時新港、月眉兩團壯丁團，實力不相上下，經常互爭嘉義郡、台南州壯丁團競賽的1、2名。

巷庄壯丁團個子最小，現年91歲的林華嵩說：「操練到去便所，蹲得下去，卻爬不起來。」住在分駐所對面的他，一聽到火災就趕忙爬上分駐所後面的鐵架，敲打銅鐘。每次捉賊、打火總是第一個到。

有一年新巷庄壯丁團整團坐火車去台南比賽，得到第1名，當時團長大潭保正林通喜，他一高興自掏腰包，大夥坐10多輛包車回新港，風風光光遊街慶祝。

以前做媒時如果一聽男方是名壯丁，「就免看、免聽，日本政府都替你調查過了。」老壯丁林華嵩說。

奉天宮重建

200 多年以前，笨港天后宮毀於洪水，住持景端和尚在1799年（嘉慶 4 年）帶著廟中文物東遷蔴園寮，獲媽祖指示建廟於現址。今奉天宮廟地當年原是一塊湖泊，是風水

▲1906年嘉義地區發生日據以來最嚴重的大地震，新港地區災情慘重。死傷百餘人，家屋毀倒數百戶，奉天宮的前殿也倒塌。

絕佳的「白鶴穴」，在庄民齊力出工，以牛車運土塡平建廟，經12年的努力於1811年完工，王得祿呈請嘉慶帝御賜宮名爲「奉天宮」。

這座融合了閩粵人民的財力、智慧與技術的廟宇，受到王得祿的關照，它的形制和基地也特別寬大，而有「奉天宮皇宮起」的說法。

自台灣開拓以來，「笨港媽祖，蔴園寮老虎」就是靈顯無比，廣受信衆崇祀的神祇。奉天宮建廟後，媽祖和虎爺同祀一廟，世所罕見。

日據初期，駐紮在新港的搜索隊隊長宮尾，想剷平奉天宮，以便改建爲辦公廳，下令馬隊衝入廟內，進行拆除的工作，想不到馬隊一衝到前殿天井時，馬匹頓時停住腳不聽使喚，而且馬蹄發出火光，不停地嘶吼，馬隊只得退出廟外，再衝，還是一樣，連試了好幾次，都是如此，日本

▲1910年，奉天宮前頭大街（今新民路）的面貌。

軍隊大驚，知道是媽祖顯聖，奉天宮拆不得，遂打消拆廟的念頭。

1906年嘉義發生大地震，是日據以來最嚴重的一次，震央在阿里山山脈中段，歷經 4 、 5 日才停，死亡人數高達千餘人。

新港地區也災情慘重，死於震災的有51人，傷者百餘人，家屋全毀的有 310 棟，半毀的 200 多戶。人們懼怕「地牛」隨時翻轉，不敢回到屋內，拎著棉被睡在牛車下、空地裡；嘉義孔廟和溪北六興宮遭這次地震震毀，新港奉天宮前殿也倒塌。神像則請到大地震前，由林溪和、林春旺兄弟以福杉蓋成少數躲過震災的大厝裡。

在林維朝和 6 位信徒發起下，向全島籌募建築資金，共募得 5 萬元，於1910年（明治43年）動工修建，直到1917年（大正 6 年）完工。

▲1906年，嘉義地區發生大地震，奉天宮前殿倒塌。林維朝發起向全島籌募資金，共募得5萬元。直到1917年奉天宮才重修完成，舉行落成典禮。

二次世界大戰接近尾聲時，一日5架B—24轟炸機，原本是要去轟炸北港糖廠，卻在飛臨新港古民村的上空時，提早丟下每顆重達500公斤重的炸彈。

「爆擊時，有輦轎在起輦，說媽祖婆已經趕去，他們這些小神也要去幫忙，就退輦。都是媽祖婆在保佑！6粒炸彈才都沒爆發。」91歲的林華嵩說。結果落下的6粒炸彈，5粒落在水池裡，1粒丟在古民村村民洪仔來家廚房的大灶上。

縛腳阿嬷

▶▶出身嘉義世家的林莊鉛，7歲入公學校，10歲時就在家裡「避姑娘」，不再去上學。後來嫁到新港，27歲時，丈夫因罹患鼠疫身亡，獨自撫養7歲的孤子林典成人。

裹足原來自古無　觀音大士赤隻跌
不知裹足從何起　起自人間賤丈夫

早期台灣跟大陸內地一樣，婦女多有纏足。4、5歲的小女孩，就得用「腳帛」將拇指外的其餘腳趾，緊緊綁起

▲「得縛即是娘，無縛不成樣。」早期台灣社會流傳縛腳的風俗，中上層家庭，常強制女子縛腳。圖爲林維朝的繼室何浮的母親。

▲▶新港巨富林煌策在元配過世後，娶了侍奉元配的「幼嫺」柳氏謹爲繼室。愛抽煙的柳氏謹，遇到不順心時，由於縛腳不便行走，往往用她的「黑竹仔煙吹」頭，敲打下人。

戰爭末期，殖民政府向民間強制收金時，「大人」看到掛在牆上的這張照片，一直追問她手上的金環到那裡去了？有沒有交出來？

來，當 8 隻腳趾被綁斷時，兩隻腳腫得像大饅頭，先是發炎發高燒，接著就潰爛流膿流血，散發惡臭。

「得縛即是娘，無縛不成樣。」當時的社會流傳著美醜全看那雙腳，是愈小愈美，中上層家庭爲教女兒貼地作金蓮，強制女兒纏足，忍受這非人的酷刑。即使是嫺婢也分成有縛腳專門侍奉阿娘（小姐）的「幼嫺」、與擔任粗重工作沒有縛腳的「粗嫺」。女子如果是天然足往往被視作嫺婢之輩，譏諷爲「大腳婆」、「赤腳」。

女子一纏腳，行踏就不自在，上船要人牽，過橋要人扶，無法走遠。當年「走日本反」時，91歲的林華嵩聽老一輩的人在講，一些縛腳的查某，無力再逃時，乾脆就坐在竹林下大聲呼救：「某人啊！快來救我，背我走就做你的某。」

92歲住在新港南港村的吳林嬌，附近鄰居都叫她「小腳

◀生於1879年的簡換枝，是大林大地主許佳屎之妻，她的女兒嫁給新港林煌策的長子林華嵩。「阮丈母娘家，有12隻牛在犁田，每天都在忙，伊是一位性地很好的人。」林華嵩說。

」。4歲時她的阿嬤代替母職，腳帛拿來就幫她縛腳。囝仔人愛玩，跟鄰居的小孩玩跳格子時，腳帛纏繞的雙腳引起陣陣疼痛，就偷偷地把腳帛解開，回家後再自己把它纏上；到了晚上阿嬤一看怎麼腳帛的線頭不一樣，知道她偷「溜腳」，馬上遭阿嬤嚴厲訓斥和修理。

阿嬤一再叮嚀她，爲了要嫁個好翁婿，再苦也要忍耐。到了夜裡雙腳是脹脹彈，常常痛得睡不著，兩隻腳就一直搓一直揉，偷偷流目屎。

▶活到97歲的何李雅，性情十分和藹，育有3子，一家5代同堂，子孫近百人。

林維朝的二媳婦91歲的吳秀春，小時候看到友伴都在綁腳，穿的是上頭繡花漂亮的弓鞋，一心也想要穿弓鞋的她，要求伊阿娘幫她縛腳。「阮阿爸當時較開化，就講，好好的腳是用來走的。」伊跟大她 3 歲的大姐，兩人就沒有纏足。

由於對弓鞋的喜愛，在她20多歲時，向一位嬸婆要了一雙，「那雙鞋握在手上，別人還看不出手上有東西，像大拇指般長呢！」吳秀春說。

日據初期，曾設立「解纏足會」，鼓吹「溜腳」，有參

▲轂音吟社成員合影於林維朝家中。「轂音」是雛鳥咬破鳥蛋殼將出之聲，取初學之意，勗勉青年從初學起。

加的就送 6 雙襪子作爲獎勵。溜腳時很艱苦，雙腳一直扳，溜到可以穿木屐。日本政府並配放藥水，讓初纏足的人浸泡。住在衙門對面，91歲的林華嵩談到日本政府禁止縛腳時，巡查大人常站在衙門口等，看到經過的婦女若有縛腳的，就叫進去，命令伊木屐踏脫下，腳帛解開，「大人」就將腳帛通通拿去燒掉。「這些有縛腳的査某人，腳帛拿掉後無法走路，一個個用爬的爬回家。」林華嵩說。

轂音吟社

新港「前淸秀才」林維朝， 7 歲時就拜師，開始讀蒙經、論語、孟子； 8 歲讀毛詩， 9 歲讀易經……，14歲時讀左傳古文，先生不在時，就囑他代理教授學生。20歲時以第11名考取嘉義縣學生員。

向喜讀書的林維朝工音律，案頭枕邊總是手不釋卷。日

據時他開私塾聘老師，延續新港漢文化的傳統。

1922年詩潮澎湃，凡舊嘉義廳下各市郡，皆先後成立詩社，新港也在林維朝的帶動下，成立「鷇音吟社」，參加者有新港、溪口、大埤等地人士十數名。1923年，林維朝加入「嘉社」，該社創立5週年時，他曾開紀念吟會，邀宴「嘉社」詩人。

◀西庄、大潭村民出公工舖造通往竹仔腳的路。

昭和初年，新港修建大潭通往竹仔腳的馬路，由各保甲出錢買舖路的石頭，18歲到60歲的人，都被迫出去做公工，中午回家吃完飯，再繼續做工。

將石頭一粒粒、一排排豎起舖平，一條新的石頭路就在西庄、大潭兩村村民集體出錢出力下完成。

修馬路・建機場

日據時「出公工」造路、修路、清水溝是很平常的事。

平日各甲都有分配認養道路，巡查大人若看到那段路需要修補時，負責該路段的就得出公工，用竹竿測量，每人負責三個竹竿長。

民雄陸軍大路（今縱貫路）要興建時，新港每三丁要出二丁，照抽的；日據時擔任甲長的林華嵩，談到當年做工事時，個人帶著棉被、吃的，領著甲民走路前往報到，「都是硬壓，硬逼，做較慢，巡查的籐條就落在身上打！」

水上機場興建時，也是動用公工。每一保都得認養築跑道、建砲台的工程，輪到應該做公工的，有的騎腳踏車、

◀嘉義郡各保輪流出公工，建水上機場。

當年新港一保代理保正的林振邦就負責管理勞務工，他說：「每一保都要派3台牛車，一台牛車載3個人，輪2個禮拜，每天載石頭、扛石頭、撿石頭。」

有的坐牛車、有的走路前來。來自嘉義郡的勞務工，在機場整個月舖石頭、鏟土、扛土，公工裡會做飯的就留下來，負責大夥的三餐，吃飯錢還是自己掏錢分擔，全是義務無錢工。監工的日本人則配有蚊帳，保正也有教台（講台）可以睡，其餘的人晚上就在草寮、廟內舖草蓆睡覺、養蚊子，廟內設有「國語」講習所，下工後還得學日語。

▲1912年何士有家蓋了西庄第一間大厝。

「以前西庄沒人起大厝，大家住的都是土角厝，入厝時我3歲。」現年85歲的何士有說。

起大厝

1912年（大正元年），西庄的何士有家新厝落成。

談到伊這間祖厝的起因，何士有回憶起當年阿公、阿嬤的艱苦：「阿公一個人可以挑兩擔甘藷去新港做買賣，怎麼挑？他先挑一擔走一段路放下後，再回頭挑另一擔走得更遠，放下，再回來挑原先的那一擔再走，放下、再挑、再走，直到兩擔一起挑到新港。甘藷賣完已經快中午，想要吃碗麵都捨不得，心裡想自己一個人吃飽，家裡頭的母子卻挨餓，大家同款辛苦，把那些錢改買生麵條回家，全家人都可以溫飽。」

「阿嬤很厲害，很會持家，吃的每樣東西都自己種，多的拿來醃，蔭瓜、樹子、菜乾、豆腐乳……都自己做。伊時常講：『做要做，勤儉也要配合。』節省下來的錢，有人通報就借給人生利息；當時土地較便宜，有人報土地要

◀何家大厝建成時，何士有（右1）與家人在屋前合照。

「阮厝是在阮阿公、阿嬤的手頭起家，伊倆人共穿三條褲，是衆人都知道的事，硬死儉慢慢累積下來的。」

賣，就買，慢慢積，錢賺錢，最多時土地有將近百甲。生活過得較舒服時，阮阿公已經不在，原先住的房子太窄，就起了這間大厝。」

編草帽

大甲藺俗稱蓆草，原產於大安溪下游河岸。以大甲藺編帽子，發明於1896年，大甲藺除編帽外，尙可製成蓆子、錢包、手提包等，30年代爲其最興盛時期，從業人數曾達20萬人，年產量 1,500 萬頂。

1923年，新巷庄役場以月薪15元，由嘉義聘請蔡謝寶到新港負責教授婦女編草帽，14歲時跟母親一同到新港的蔡阿瓊說：「阮厝本來是住在梧棲的鄉下，阮爸爸是在放蓆草讓人做，阮媽媽是專門在做大甲帽，自細漢就跟阮媽媽做。」12歲時她就會幫母親打鞋底讓人做，13歲那年她們全家搬到嘉義來發展。

後來也在南港廟教編草帽，由蔡阿瓊負責，每天她將車錢省下，走一個小時的路到南港。身為老大的她說：「阮媽媽在新港教 2 年後，又到東石教，伊一共生10個孩子，又要顧囝仔又要賺錢，實在艱苦！」

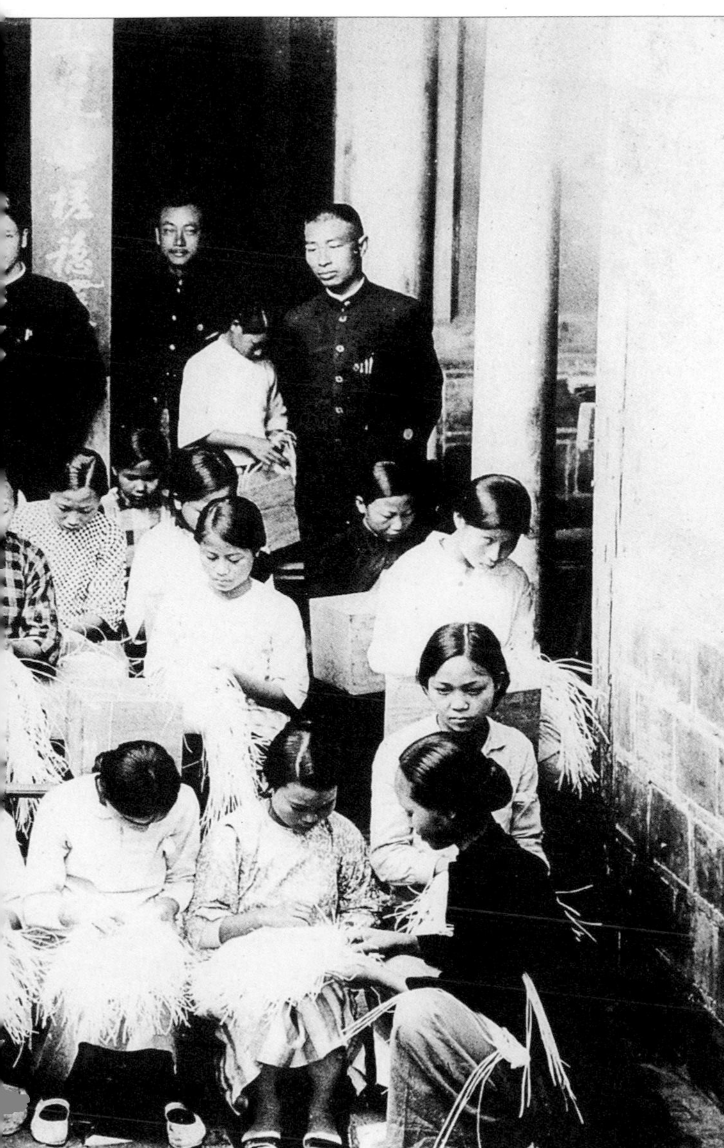

◀蔡謝寶（右前1）於奉天宮配殿，教新港婦女編草帽。

日據時期，以大甲藺編帽子、蓆子、手提包等，盛極一時。1923年新巷庄役場特別以月薪15元，從嘉義聘請蔡謝寶來新港教婦女編帽。

赴日建神社

1934年（昭和9年），24歲的何士有剛從台南學測量出來，回到西庄。那時村裡通往田間的道路，被一村人「惡

▲日本建國紀元2600年，台南州教育會遴選90多位代表赴日奉侍作業時合影留念。

當時何士有代表嘉義郡赴日，參加橿原神宮的改建工程。

霸」強佔，把鄉路開墾去做厝地，圍起籬笆種起菜來。遇到下雨天，僅剩的小通道是泥濘不堪，牽條牛都牽沒路好過，村人找他理論，對方動不動就拿七尺長刺豬的「刺仔尾」要打、要壓。村人問何士有怎麼辦才好？年輕的他看不過去，隻身前往官廳陳情，才把事情解決。

那一年西庄剛好要選保正，那時選保正沒有所謂的候選人，而是由各戶長寫下他想選的人的名字，何士有因解決鄉路的紛爭而備受注目，大家心裡想「換少年仔做看嘜！」24歲的何士有被選上後很害怕，一直推辭，派出所的警察來開街民大會，街長嘰哩咕叫，「大人」很生氣對他說：「你被選上不能不做，若是不做，就是非國民。」選上保正後他去參加講習，日本人灌輸他們要有日本精神、對日皇盡忠、認眞爲民服務。隨即他又被選上部落振興會會長，因爲舉辦「西庄收穫感謝祭」而接受表揚。

日本建國紀元2600年，爲改建供奉仁武天皇的橿原神宮，遴選優良的部落振興會會長、青年團團員赴日奉侍作業

▲當年日本內務大臣正在訓勉赴日修建神宮的工作人員。

他們每天拿著圓鍬掘土裝到草籠裡，從高處扛到低處；要不然就是搬運建築用的木頭，一隻衫木二個人合扛。

◀何士有手持圓鍬，背後即爲「八紘一宇」的屋子：「那是八角屋，八個方向卻只用一根柱子，意思是要大家同心合在一起，團結統一天下，當時日本就很有野心！」

，台南州教育會共遴選90多位，何士有和大林庄役場的黃清埤代表嘉義郡赴日。

在神宮做了一個星期的工事，工作算輕鬆，90多人一起住在神宮邊搭建的「八紘一宇」屋內。

一個星期後，日本人帶他們到處參觀旅遊，看日本的名勝古蹟。在東京一個星期，住在明治神宮的青年會館，白天遊來遊去，有一次參觀滿州開拓義勇軍訓練所，那是訓

◀1923年即開始在新巷庄郵便局工作的林在（後排右2）與同仁合影。

那時寄一張明信片1錢半（10錢是1角），普通信3錢，他的日薪是5角。二位郵便士一天要「配達」三次，除了新巷庄之外，還包含少數溪口、六腳的村落。

練要派去滿州的青年能自給自足，養豬、種菜、生病自己醫，不用靠日本本土的醫生、護士。看到訓練所的狀況，當年35歲的何士有不禁感到訝異：「訓練起來我看不只是佔滿州，不知道還要佔多少所在？」

老郵差林在

1923年（大正12年），19歲的林在成爲新港郵便局的郵

▲林在（左2）與郵便局員工合影，中坐者爲日籍郵便局長恆田。

「古早人在講『走文書』，阮的頭路是要半走半跑，我一個月要吃掉6斗米，一頓可以吃8、9碗飯。」每天負荷10幾公斤重的郵袋，3錢、5錢一帖的去傷藥，林在不時在吃。

便士。

每天上班前，全體員工須先肅立，朝氣蓬勃大聲地唸著：「我眞歡喜身生在皇國，眞歡喜！至誠一貫，遞信報國。」才開始一天的工作。第二次世界大戰，日本慢慢敗勢時，大夥則語氣莊嚴低沈，改口說：「爲國效勞，即使犧牲生命，也不後悔。」

8、9點整理好郵件，林在的皮袋內裝著近百封信件，騎著腳踏車就出門。有時早上只吃一個紅龜粿就度一天。若是好天氣，下午5、6點就可回到郵便局；遇到歹天時，7、8點回來是時常。

一到下雨天，牛隻走過、牛車輾過的泥土路就出醬，土淹到腳踝，一雙鞋沒法子穿；林在就赤著腳牽著車，拖著被刺扎痛、割傷的腳前行。他在車上備有小竹竿，以便碰到泥土路要乾不乾時，隨時把陷入泥濘中的車輪扳起。

▲林在（後排左1）前面，是當時郵便局第1位女性員工何采薇（前排左1），在郵電尚未分家前，辦理電話轉接。

輪值時，三更半夜若接到電報，提著點上蠟燭的燈仔火，就趕緊出發。一回剛下過雨的夜晚，接到一封番婆庄（今安和村）的電報，林在提著燈仔火踽踽前行，一路上伴隨著他，是滿天的星子，與趁著雨後在漆黑的田裡捉青蛙的人頭上閃爍的燈光。那時四腳仔（青蛙）滿四地，整條路都聽到四腳仔被腳踩到所發出的嘰嘰叫聲！

嘉南大圳在崙仔做工事時，有時，一個晚上連送兩三次電報，剛回來又接到電報，又得牽著腳踏車往4公里外的崙仔騎去。來來去去，天也差不多見光。

郵便士艱苦的生活，沒有人能待得久。每次林在與母親相見時，「阮阿母見到我，目屎就直直滴，遇到下雨天，伊整晚就沒辦法睡，一直煩惱囝仔明日又要受苦。」

做了3年郵便士，他就辭職，一直到1927年（昭和2年）他再度回到郵便局，這一待就是34年，直到1961年才退休。

有一次，大雨天送信回來，又接到一封掛號信，「當年阮送信是沒休息日，」自信懂水性的林在，立即邀一位塊頭長得比他高大的同事，往新港至後庄的路走去；「白茫茫一片，甘蔗只看到尾溜，我較矮，水快淹到脖子，扶著同事的肩膀，直直走。」一封掛號信就壓在他的帽內，平安地送達。

唸完公學校的他，送信時經常順便幫村民寫信、讀信。「出去時說天講皇帝，日子眞好過，一里又一里，遇到店仔頭，坐在樹下休息，放在袋內的册拿出來看，三國、六國，一日過一日，不操不煩。」

遇到放學，一大群囝仔就跟在他後面，最細漢伊載，大漢仔在後面幫忙推，一堆囝仔笑哈哈，邊走邊聽阿在伯講古：有一個官家子弟出外看山花，看一婦女很美，就說：「面如桃花足似棉，肩挑午飯往夫田，因何不嫁王侯相，嫁予農夫枉少年。」婦人就回他：「雖是農夫不下賤，十里耕田伴我眠，嫁予宰相朝天子，一世見君幾多年……」

光復後他被調去做內勤的工作，做了2、3個月，吃不下飯，人一直瘦下去，直到出外跑遞信才恢復。林在感慨地說：「鳥在飛，自自由由，人也同款！」

甘蔗委員蔣乾

日據時在新港，以廣交、好客敢花錢贏得「南有蔣乾，北有林通喜」之稱的蔣乾，他的女兒蔣月霞形容他一生請人喝的酒，若倒在一塊，就像一潭埤仔水。

日據時，製糖會社爲擴大甘蔗栽植面積，以本地地主、權勢者，充當原料獎勵委員。月眉、菜公厝、溪北一帶是「公關木」在做甘蔗委員，溪北地區「公關木」委託蔣乾的父親蔣全代理，辦理蔗農承租、借貸、肥料申請、甘蔗

▲蔣乾（後排左2）與其他甘蔗委員及蒜頭糖廠員工合影。

當時甘蔗委員主要負責辦理蔗農承租、借貸、採收……等工作。

「以前在農村要賺有錢，就要做甘蔗委員。」蔣乾承租製糖會社的地，再轉租給村人耕種。

採收發包等工作。那時明治製糖蒜頭糖廠日籍員工，每次走來溪北做調查時，蔣全總是很熱心地買雙仁潤（後來稱爲新港飴）招待他們。

「公關木」後來事業失敗就由蔣全擔任甘蔗委員，一年後蔣全去世，很多人爭取要做甘蔗委員，當中只有蔣乾有唸日本書，會講「國語」，1924年，22歲的蔣乾正式擔任甘蔗委員。

當年溪北的土地，大都屬於王公館，又沒有足夠的水源種稻，村人以甘藷做主食，所種出來的「竹仔蔗」是又小又硬，一甲地只收 3 、 4 萬斤，又要納租稅，農民生活很艱苦，土地一直賣，糖廠拚命買，「我做兩邊的中人，溪北的土地經我的手頭賣給糖廠的有40幾甲。」93歲的蔣乾回憶說。

在他做甘蔗委員的第 2 年，一日朋友來，提起朴子溪對岸的東洋製糖，已從爪哇引進新的「大塊種」，產量很高。他一聽產量這麼高很心動，就向新港的朋友借錢，決定過溪到過溝庄偷買蔗種。白天在賣主「蔗頭」、「蔗尾」兄弟家吃喝閒聊，到了晚上雇牛車偷偷運回家。

他到對岸偷買蔗種的消息傳出，村人也跟著去偷買。那一年收成時，蔣乾 1 甲地收19萬斤，成績好的村人也有收到20萬斤，蔗種割不完，蒜頭糖廠面對突然增加的產量，原本一門的榨糖機不夠用，又增蓋了一門。隔年溪南一帶的人，看到溪北甘蔗產量劇增，也公然到溪北買蔗種，原本土地在新港最不值錢的溪北，自此，土地價格往上攀爬排得上名。

日據時蔣乾還擔任保正、協議會會員、街長委員、嘉南大圳小組長……等職位，各路人馬若來溪北，就由蔣乾招待，中午有時席開一桌，他大嫂受不了他如此廣交，吵著要分家。

「日本時代沒交際不行，要交陪才做有事情。」分家後，每逢中午客人一來，他總吩咐太太到雜貨店一直賒，日本來的干貝、螺肉、蟹肉罐頭一直搬。清帳時，一年總共積欠 1 千多元，而當年 1 甲地才 400 多元。

光復後，實施「耕者有其田」時，他本身 7 甲多土地，只剩下 3 甲多；而他所承租製糖會社的地，都放領給這些再承租的農人；原本最窮的庄，變到後來農人擁有的土地不會比別人少。

▶▲1943年庄民在新巷庄庄役場納稅的情形。

「連派出所修理宿舍，也要繳錢，庄役場沒編預算，每一保去分攤，真是萬萬稅！」西庄老保正何士有說。

納稅・信用組合

▶▼新港信用組合10週年紀念合照。

新港早在1915年即有信用組合，是下級金融機關，主要貸款給地主和自耕農。

兒玉後藤的體制進入軌道後，各式各樣的稅制也正式確立，生產稅、買賣稅、消費稅、戶稅、土地稅等的徵收，各種稅金合計起來，約是清朝統治時的 6 倍。

1913年，台灣的農村信用組合成立，組合的人事由當局

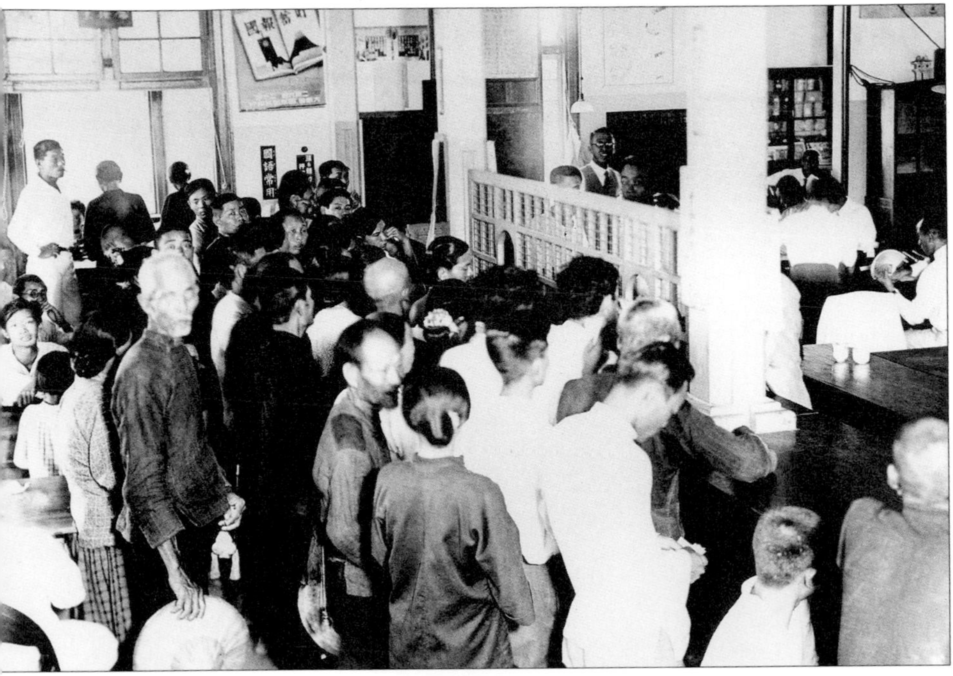
國語常用

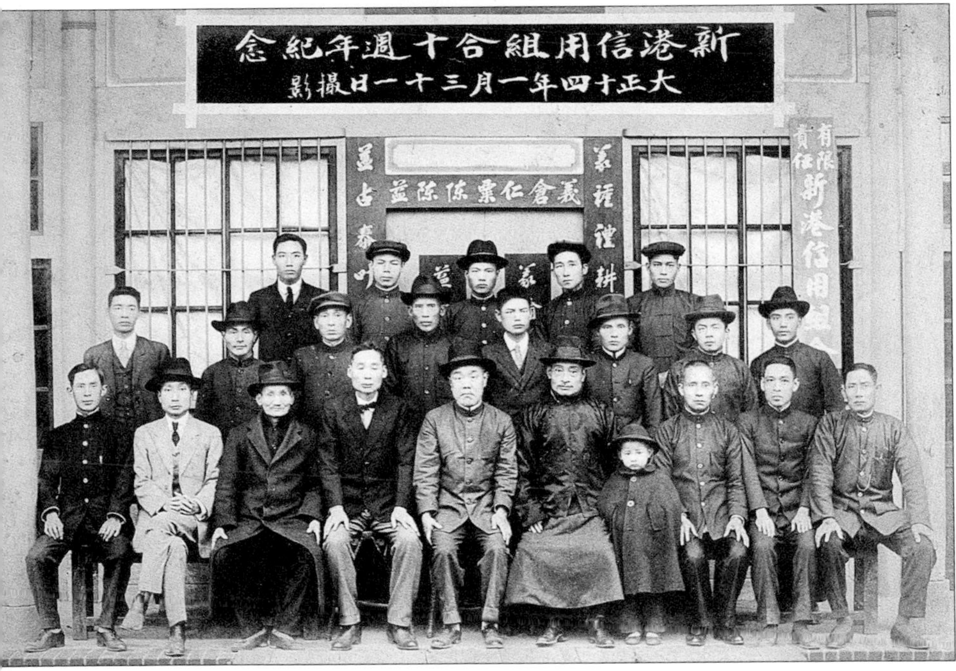
新港信用組合十週年紀念
大正十四年一月三十一日撮影
有限責任
新港信用組合

▲1935年台灣博覽會展覽會場。這個博覽會主要是慶祝日本統治台灣40週年，並展示其建設成果。

派任產生，董事大部份由當地地主階級所擔任。台灣的農業信用組合不僅是作爲下級金融機關，而且是作爲殖民政府教育活動的一環。農村信用組合的貸款資金擴大和利息水平下降，對於舊的農村高利貸資本雖帶來威脅，但其貸款的對象，主要限於擁有耕地的地主和自耕農以及上層的自耕兼佃耕農，對於沒有擔保物權的農家，就沒辦法獲得幫助。

台灣博覽會

日本爲慶祝治台40週年，於1935年10月10日至11月28日，舉行爲期50天的博覽會，共分爲 4 個會場，展示其在台灣經濟、文化方面的建設成績。

▲蔣乾（第２排穿西裝者）與朋友參觀台灣博覽會之後，順道遊板橋林家花園。

來自全島民衆、學生組團前往參觀的爲數衆多。當年32歲的蔣乾，與庄裡14個朋友相邀，一同坐火車到台北看博覽會。原本沒幾家旅社的台北，一下子擁入這麼多人，蔣乾說：「幸虧阮是團體去參觀，被安排住進賣水果的商行，紙板往地上一舖當床睡。個人去參觀的，就要自己想辦法。」

台灣，有個阿里山……

1906年（明治39年），日本人在阿里山發現巨木群，於是興築阿里山鐵路，以運輸木材。

原名爲「沼之平」的阿里山，日據時，名列台灣八景之一。宜人的氣候，在３、４月櫻花盛開時，觀櫻的人潮，

▲日據時，新港人到阿里山看神木，在神木前合影。阿里山神木已有 3,000 年歷史，是棵古老巨大的紅檜，樹圍有 19.7 公尺，直徑約 8.48 公尺。

►阿里山海拔 2,663 公尺，氣候宜人。每逢 3 、 4 月櫻花盛開，繽紛燦爛，觀櫻的人潮不斷。

►►祝山的日出、氣象萬千的雲海和神木，是遊阿里山必看的勝景。

從嘉義坐著小火車上山，看高齡 3,000 年以上的大神木，到祝山看日出，看美如水的阿里山姑娘，看壯如山的阿里山少年，看……。台灣，有個阿里山，是台灣人的記憶，嘉義人的驕傲。

75《紅太陽高高掛》

▲台南州方面（調解）委員到屏東參觀原住民的生活習俗。

異文化的交會

淸代稱呼台灣島上的原住民爲生番、熟番、化番。日據時，稱爲高砂族或番人。殖民政府初期，爲防止原住民聚衆作亂，劃定隘勇線，設了約 1,900 所隘寮。規定原住民只准在山地活動，一般人也不許跟原住民通商。除了警官帶他們下山觀光外，在平地不易看到原住民。

▶▲日據時，新港人遊日月潭與邵族原住民合影。

總督府更採取高壓的「理番」政策，逼使原住民對日本認同。1930年10月，按捺不住的原住民，終於爆發了「霧社事件」。這次事件，促使殖民政府修改理番政策，改以懷柔同化將日本文化滲入原住民文化中。

▶▼日據時就讀嘉義白川公學校的蔣月霞，全班同學遠赴埔里、霧社、日月潭旅行。由埔里走路上霧社的中途，在半路吃便當的情景。

遊日月潭，聽邵族的杵歌；到屏東，參觀排灣族的石板屋，看他們的舞蹈；到阿里山，看曹族……，異文化，在家園的深處交會。

教育篇

▲1898年10月，新港公學校創立。當時的教室是棟「竹管仔茨」，怕地震時會倒塌，兩側特別以木柱撐著。

新港公學校

1898年，新港公學校成立，剛創校時，財政困難，教室以茅草蓋頂。日本據台早期，學校並未禁漢文，一年一本，也不強迫剪辮子。到了中、日戰爭，開始高壓實施皇民化時，才全面禁絕漢文。

91歲的老郵差林在尚保留其上公學校一年級時的漢文讀本，他猶能背誦第一課內容：「一人　二人　一人大　一人小　三川　一川　山上　山下」

93歲住在溪北的蔣乾，7歲時就入公學校，當時他的父親還懷著「中國夢」，在他放學後，還得再去讀私塾唸漢學。「公學校鼓舞1年，阮庄只有4個人去讀，最老的19歲。」從溪北到新港走了6年，只有他畢業。其他3個人讀了2、3年就沒唸。

新港公學校創校早期女子就學率甚低，上流家庭女子唸到4、5年級，就紛紛退學「避姑娘」，在家刺繡、製衣；普通家庭者得幫忙家計，能唸到3、4年級，已算不錯

。從1898年創校直至1911年，始有 2 位女子唸到畢業。到1924年後，畢業的女子才打破個位數。

即使到1940年，根據新巷庄勢要覽的統計：當時女性學齡兒童有 1,841 人，就學的只有 429 人，就學率僅佔23%

◀1914年新港公學校畢業師生合影，圖中已可看到數位女畢業生。

前排左6爲洪炳的女兒洪水治，她自小精於手藝，擅長刺繡、裁縫，在公學校教授家事課。

在日據早期，學校並未禁漢文，也不強迫剪辮子。女子的就學率甚低，上流家庭的女子，往往唸到4、5年級就退學在家「避姑娘」。

；男性學齡兒童有 1,936 人，就學的有 1,153 人，就學率 60%。

當時爲了獎勵學童上學，每逢重要節慶、天皇生日、天皇生子……，就分送餅乾、包子給學生吃，地方上因而流

◀太平洋戰爭時，為了加強學生的體能，就連女生也手執前面是劍刀模型的圓木棍，每週操練數次。

傳著「落第包仔食愈多！」的俗語。

為了灌輸學生大和民族的精神，每天升旗唱完國歌，全體人員都得面向東北方，行最敬禮向天皇進行宮城遙拜。重要集會由文官戴上白手套，從校長室的金庫中捧出放著「明治天皇敕語」的盤子，端給校長朗讀著——

「我的祖先有遠大的理想，為了實現建立一個道義國家，開始經營日本國，所以國民要完成忠、孝兩字……，子女要孝養父母，兄弟姊妹要互相扶持，夫婦應和樂，朋友應打開心胸互信，不自私、要謙虛……」

文昌國小退休的陳國村老師談到，日據時，上課鐘打完進入教室，就得把眼睛閉上，直到老師來才張開，動靜分

◀▼日本深切體會強國必須先強種，教育中非常注重體育課程。

男學生學木劍、吊單槓……，單槓有分級，抬不上去，老師就往屁股打下去。

得很清楚。若碰到很兇的日本老師，學生不乖的話就用柔道甩了過來；老師說了 3 次還不聽，就被關在講台下，「有的一站起來就昏倒，得提冷井水來沖才醒，老師嚴到這種程度。」陳國村說。

◀新港公學校的學生上課時，聚精會神地研讀歷史課本的情景。

日據時，上課鐘打完，學生進入教室坐定，就得把眼睛閉上，直到老師來才能打開。動靜之間，分得很清楚。

上課時，要有日本精神，得抬頭挺胸、端坐，稍一彎腰駝背，馬上遭老師斥喝。

嚴格的紀律訓練、實踐的生活教育，使學生守時、守法、重禮儀，不亂丟垃圾、不隨地吐痰，不任意丟棄玻璃、尖銳物，而是把它放入路上「危險箱」內。

已經退休的新港國小老師許四川表示，日本教育很重視

▲新港公學校勞作課上課情形。由學校準備材料做模型飛機，先做好的拿到台上示範。全體完成後，再一起比賽，看誰飛的最遠。

太平洋戰爭時，爲了加強聖戰的宣揚，新港公學校的勞作課，偏向武器模型的製作。

▲日據時期，上課時若讀到天皇的話語，學生得立刻起立低頭行禮致敬。

到了5、6年級時，上課前都要背一遍「明治天皇敕語」，「背不起來的就打下去，唸到現在還會唸。」72歲的陳坤海說。

此外，365天每天要唸1首明治天皇所寫的詩文和歌。

◀日據時，新港公學校的學生，下田實習插秧。等秧苗稍長，當年沒有農藥噴灑，就動員學生捉稻蟲，每人負責捉3、50隻。

▲新港公學校學生演出日本全國第一勇士「桃太郎」、「金太郎」及「一寸法師」……等混合劇後合影留念。

日據時，每年的5月5日兒童節，新港公學校都會舉行遊藝會。各班自行準備的節目，大都取材自日本的民間故事和英雄事蹟。

「修身課」，從小就培養。1941年太平洋戰爭後，將小學校和公學校，合稱為國民學校。女生自4年級以上，開始教拿針線，縫製「千人針」。

1943年，戰局不利，開始徵集學生兵，遂實施6年制的義務教育。隨著戰火的逼進，67歲的許宏渠說，他們這輩日據尾讀書的人最可憐，一會拿竹棍挖防空壕，一會又交鷄蛋給飛機員吃。

「赤腳、包袱巾包書，上課不到1個小時，水雷就響，整天在跑防空壕。」他說。

▶▶陳陸夫婦合照，手上抱的是長女陳瑞蓮。

陳陸24歲時，與洪水治結婚。自小手藝精巧的洪水治，雖出身新港望族，為了補貼家庭費用，常半夜偷爬起來，替人刺繡。

嚴師陳陸

陳陸（1892—1954），是令老一輩新港人懷念的老師。

陳陸4歲喪父，他的父親陳水生前因為替人擔保遭連累，整個經濟陷入困頓。寡母一手扶養兄弟2人，「計較」

讓他們受教育。

每天陳陸自學校回來，唯一一件制服馬上換起來掛好，再出去替人割草賺錢。到了晚上，不識字的母親總叫他到

▲1930年，陳陸辭去教職，學生特別回到學校答謝師恩時合影。

曾經被這位以愛心爲後盾的嚴師教過的學生，都心存感激，老保正何士有說：「被他教過是人情拔不開。」

跟前，朗讀今日在課堂上先生所教授的內容，母親一看陳陸稍遲疑或停頓，就馬上叫他再到先生家請教。

苦學出身的陳陸，半工半讀在1914年自國語學校師範部乙科畢業，隨即在新港公學校任教，月俸17元，而陳陸素以勤管嚴教著稱。

「有一次，六興宮拜拜，我沒去上課，隔天，陳陸先生一問，很生氣，被他掌嘴、罰站，伊教册很嚴。」住在溪北93歲的蔣乾說。

老郵差林在原本成績一直不理想。4年級時編在陳陸的班上，受到陳陸的感召而努力學業。

他嚴中有愛，雖體罰學生卻有分寸。有一次，一位日本老師打學生頭部，他看不過去，跑去找那位老師理論。

24歲時，陳陸入贅新港望族洪炳家，跟洪炳女兒洪水治結婚，育有6男9女。陳陸的二兒子73歲的洪宗光醫師說

▲陳陸的家族合照。前排穿和服的女子則是新巷庄庄長瀧野平四郎的妻子。

陳陸共育有6男9女，子女是他最寶貴的財產。對於子女管教非常嚴格。子女若犯錯先記起來，到時再一起清算。

「常常一跪就一整排。一個人若做錯事，全體受罰，大家互相注意不敢亂來。」二兒子洪宗光說。

：「時常罵阮太好命，伊若像阮現此時的環境，天早就爬上去了。」

對於女兒，即使天氣再怎麼熱，第一個鈕扣絕對不准解開。中午他在休息時，經過他的房門，大夥總是拎著木屐輕聲走過。每年農曆 7 月半，奉天宮前、後街 1 、20個戲班，布袋戲、歌仔戲……在拚戲，陳陸嚴禁孩子外出看戲。「外面前後都在演戲，阮爸爸認爲對白粗俗，不准出去看，連電影也一樣。」被陳陸管得最嚴、受罰最多的大女兒80歲的陳瑞蓮說。

由於母親生病 6 歲提早入學的洪宗光，漢文課一直學不好，1 、 2 年級受教於他的父親，卻也最怕上他的課，「叫我讀書不能輸別人，有一天課上到一半，阮爸爸『請』我回去，剛開始我還不敢走，後來被他『請』到外頭，他轉頭入教室，我想既然叫我回去，我就真的走。」洪宗光

▲陳陸的次子洪宗光（左1），當年考上每年只招收40個名額，台灣人僅佔4、5位的高等學校尋常科。左2爲其尋常科同學邱永漢。

說：「那曉得中午阮爸爸回家吃飯，看到我就拖著打。」

陳陸很注重孩子受教育，除了公學校的課本外，還準備小學校的教材，讓子女溫習。因漢學學不好，遭陳陸處罰的二兒子洪宗光，卻在公學校畢業後考上高等學校尋常科。對於每年全台只招收40位學生，台灣人僅佔４、５位，這份殊榮著實讓陳陸感到欣慰。

「當年只有２位公學校學生考上，其他的都是小學校畢業，是新港第１位，也是最後１位。」當年就讀帝大醫學部、台大第１期畢業的洪宗光醫師說。

1930年，陳陸辭去教職，轉往新港信用組合擔任書記，學生們特別回到學校感謝師恩。被這位以愛心爲後盾的嚴師教過的學生，在畢業後並不心生怨懟，只有感激。有的學生婚後，夫妻爭吵鬧離婚，父母請陳陸出面調解就沒事。西庄老保正何士有，談到陳陸時說：「被他教過是人情拔不開。」

婚喪篇

娶某・嫁尪

1930年，林維朝的次子林開泰在元配過世後，經媒婆的介紹，和朋友到女方任教的彰化公學校去，兩個人躲在窗

◀1931年2月，林開泰與吳秀春的結婚紀念照。

台灣舊有的風俗裡，正式結婚的規矩，必須遵循所謂的「六禮」進行。日據時，已逐漸簡化，連新娘、新郎服飾也起了很大的變化。

從圖中可看出新娘沒穿古式的結婚紅禮服，也沒穿新式白色的新娘衣，頭上則罩紗巾代替珠冠。

「阮當年是半新舊，好像穿得比較漂亮，要去那裡玩。」吳秀春說。

外偷看，看了1個多小時，林開泰覺得對方沒有女教師該有的氣度，想走，朋友直勸他：既然來了，再看看；又看了3個多小時，是愈看愈沒趣，就走了。

到彰化朋友家過夜，朋友知道他是前來看續絃對象後，

▲經由父母之命，媒妁之言，20歲的林出平，直到洞房花燭夜，才第1次看到新娘黃秀的面貌。

林出平說：「阮這款婚姻較尊重古早風俗，一旦嫁就嫁到尾。」

隔日一早，就帶他到孫子就讀的員林幼稚園，看擔任幼教工作的吳秀春，還騙吳秀春說他是南部要設幼稚園前來參觀的。

不久林開泰請人到吳家提親，「阮爸爸一聽是林維朝的兒子，貪阮大官的好名聲、是位道德家，認爲給這種人做媳婦眞好。」一向對女兒婚姻很謹愼，一有人來提親，不僅要看對方，連祖宗三代人都得探聽淸楚的吳父一反常態，怕妻子又要到廟裡抽籤，唯恐抽到下下籤，一再囑咐妻子這次可別又去。

到了這年臘月，吳父與林開泰初次見面，瞧見女婿臉色怎麼這麼差，知道林開泰帶有氣喘，「阮爸爸心疼起煩惱

▲1930年代的結婚照。可看出新郎與新娘的西裝、婚紗打扮，已是中、西合併的款式。

，10幾天沒法子入睡；到了正月初二，忍不住到南瑤宮抽了一支籤，第一句就寫：『淑女配君子』，認為是仙緣，跑不掉，伊才安心。」91歲的吳秀春說。

1931年 2 月林開泰與25歲的吳秀春結婚。

這一年農曆 2 月 4 日，住在大林20歲的黃秀，穿上桃色改良式新嫁衣，頭罩紗巾，在媒婆攙扶下步上花轎。轎夫剛起步，她依照古禮，將母親新買給她的手帕和扇子丟出轎外「放性地」，意謂著把昔日不好的性癖丟掉，到男家做個賢慧順從的媳婦。

象徵新娘貞潔的青竹，上頭吊一塊豬肉，舉在前面祭白虎，在鼓吹、鑼聲中出發到新港。

▲圖為新港人林國堃在嘉義神社結婚留影。

圖右角是代表神社的鳥居，站在新郎新娘背後，頭戴帽子的，是神社的神官。

1917年，開始有台灣人在神社前舉行結婚儀式。皇民化運動時，殖民政府非常鼓勵台灣人在神社結婚，但台灣人對此並不熱衷。

▶日據後期的結婚照，已可看到汽車出現。

古時交通不便，「轎」是唯一的上等交通工具。迎親中，更少不了它。

日據後期，隨著小包車出現，比較富有的家庭，已逐漸改用汽車去迎娶。

自媒婆介紹這門婚事，雙方交換用紅紙寫上的「婚仔」（八字），各放在正廳神明位前 3 天，兩邊都平安無事也沒有摔破碗盤，算命的八字也合過，林、黃兩家就進一步

◀1943年，兩位溪北「走尖端時代」的青年，18歲的蔣月霞和21歲的李魁俊結婚。

以往嫁入李家的新娘，得跟隨在手提「謝籃」的媒婆後頭，到李家6大房的公廳跪拜祖先，捧茶見過5、60戶的親友。

在這一年，李魁俊改掉昔日的習俗。他說，後來結婚的也跟進，自此新娘不再跪到膝蓋通紅，他卻因這次的「破例」，被指責爲對先人不敬。

議決婚事，婚姻談妥送完定，新郎官林出平從頭到尾都沒看見新娘本人，女方只送來1張照片，就有聽人傳說，女方是一位跛腳的，眼睛有缺陷。20歲的新郎官林出平，雀躍中不免夾雜些許不安。

花轎到達時，林出平來接新娘時先踢轎門，意思是向新娘示威。新娘出轎時，有一孩童用盤子端出橘子，讓新娘用手摸一下，象徵夫妻婚後糖甘（柑諧音）蜜甜。

新郎以八卦米篩高舉在新娘頭上，媒人婆走在前頭，向

▲陳陸的女兒，「新港第一美女」陳瑞蓮出嫁時，婚禮很氣派，地方上的「有志者」都有參加，兩面大日本旗懸掛在新郎劉家住屋前。

當時，新郎家出動12輛汽車，從民雄浩浩蕩蕩前來新港迎娶。

上抛灑「鉛粉」（與台語「緣份」音似）。

「在室女才可以用米篩，不是的話就用雨傘，祭煞、避邪兼招福。」現年84歲的林出平說。

新娘走進夫家前，必須先踏破一塊瓦片，傳說如此可以預防相剋。

新娘房放有兩張椅子，上頭放 1 條褲子，「褲腳一邊放一個，表示從今以後兩人共穿一條褲，要同心協力。」直到洞房時才與妻子初次見面的林出平說：「阮這款婚姻較尊重古早風俗，一旦嫁就嫁到尾。」

陳陸的長女陳瑞蓮，就讀嘉義女中時，與民雄富豪阿如舍的姪女同班，一次學校運動會時，「阮大伯母、阮先生

▲1894年，基督敎長老敎會傳至新港地區。1933年，新港青年林玉麟迎娶皈依基督的台中新娘。在新港的長老敎會內，舉行少見的基督徒婚禮。

◀圖中的新郎，現年72歲的蔡玉村說：「阮結婚時，到處向鄰居借豬肉券請客，甚至連新娘衣也沒穿。」到了戰爭末期，物資匱乏，規定婚禮宴客最多只能請3桌。

的阿姊……帶一堆人來偷看阮，」今年80歲的劉陳瑞蓮說：「他們那邊是官家底的收租人，田園百多甲，不棄嫌阮這邊是吃頭路人。」

「做尪仔某，好就是緣；若不好，就是相欠債。以前父母看好就好，嫁人都是運命。」

◀圖爲新港人何文財之妻何許蜜的葬禮。

何許蜜過世時，原本在戰時禁止做「覡公」，因爲其子何碧雲在廈門做通譯，日人特准其辦理。

右前桌上放著「米斗」，上頭放置「魂帛」（臨時的靈牌），棺材前頭放著「招魂幡」。

何許蜜的丈夫何文財，日據時是新港第1批剪去辮子的人士。出身望族的他，在庄役場擔任主計。一次攜帶稅款要前往嘉義郡役所，在牛稠溪（今朴子溪）坐渡排時，被心懷不軌的船戶，沈死水中。

從此，28歲的何許蜜撐起家庭的重擔，扶養子女成人。

出山和完墳

塵歸塵，土歸土。

在人的生命快走到底時，家人就把病人從寢室「搬舖」到正廳。當他嚥氣時，習俗上要摔一隻茶碗，給死者換上

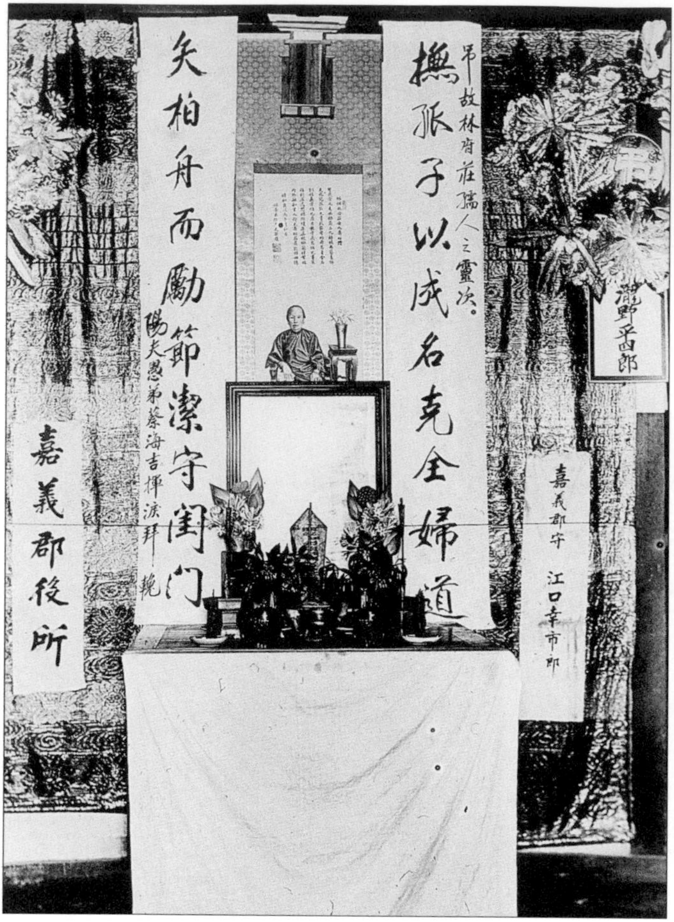

▲新港媳婦林莊鉛的靈堂。她過世時，靈堂上有當年嘉義郡守江口幸市郎、新巷庄庄長瀧野平四郎致悼的輓帳和花圈。

27歲就守寡的林莊鉛，娘家是書香世家，漢學基礎不錯，在當年是少數敢與林維朝應對的婦女。她的孤子林典，後來擔任新巷庄庄役場助役。

一個石頭枕，正廳的諸神和祖先的牌位上要蒙一塊布。

家人要在他的腳後供一碗「腳尾飯」，上頭插兩根竹筷，中央再放一個煮熟的鴨蛋。還要在腳後燒「腳尾錢」，讓死者往陰間的途中，作為路費。由家人守舖，怕貓由屍體上跳過，死者變成僵屍。

凡成年人去世，家人都要到糊紙店，訂製一台小轎，裡面裝滿了銀紙，抬到靈前焚化，向上天報告死亡。

喪家要請「烏頭覡公」或和尚，來到死者的靈前唸經「開魂路」，為死者開一條平坦的道路到陰間。

▲林莊鉛的葬禮，在送葬開始前，和尚在靈柩前供牲禮並舉行「祭煞」。先撒布鹽米，誦經禳兇煞。

◀日據時，新港洪氏家族，於葬禮當天合影。可以看到身著喪服縛腳的婦女，端坐在前。

屍體入殮前，遺族要「乞水」，並請一位「好命人」以竹子綁白布浸到乞來的水中，假裝爲死者沐浴。並且要爲死者舉行「穿張老衫仔褲」穿壽衣的儀式，準備六葷六素的辭世盛宴。入殮時，要請人擇日看好時辰。

◀日據時期，林莊鉛葬禮行列的盛況。因爲她的兒子林典當時在新巷庄庄役場任職，所以葬禮十分隆重。

台灣人講究「出山」時，必須先請地理師選一個好日子。安葬的行列遊市街村里後，至郊區就停柩謝客，靈柩則由子孫近親護送至墓地，並沿路撒銀紙。

後代子孫每 7 天要「做旬」，中國人相信人死後，在第 7 天才知道自己的靈魂已死，他的靈魂會回到家來哭，死者的遺族要比死者先哭，這一天凌晨零時，就要起來哭。子孫要以死者之名「做功德」，替死者贖罪業。

台灣人自古就採暫厝制，並不馬上埋葬，古老的習俗認爲殯殮的時間愈久，就愈孝順，有的甚至停上數月。

「出山」時，要先請擇日師選一個吉日，再請道士來唸經。子孫婦女等燒香跪拜後，再由親族朋友跪拜。安葬的

◀新港望族何文彬完墳時，家族在墳前合照。

塵埃落定、慎終追遠。「完墳」一向是台灣人根深蒂固的傳統。當墳墓完工時，家族準備牲禮前往祭拜。先拜「后土」，再祭墓，祭拜時地理師在旁講好話：保佑子孫大發財，年年添新丁，月月發新財，日日都吉祥……

行列遊市街後，走到郊區時喪主停柩謝客，留子孫和近親一直送到下葬爲止。一般人相信祖先的墳塋，會影響後代子孫顯達與否，因此都會請地理師先選一門好風水安葬。

直到完墳，塵埃才落定。

皇民化運動篇

▲1942年西庄國語講習所修業紀念照。

為普及日語的使用，殖民政府在各地廣設國語講習所。

一時間「哇答西」就是我，「啊娜達」就是你，「阿里阿多」眞多謝，「莎喲那啦」是再見，在不懂日語的台灣人口中背誦著。

講日語

1937年中日開戰，殖民政府擔心基於歷史與民族的情懷，會影響到台灣人的立場，小林躋造總督開始積極推行「皇民化運動」。

皇民化運動，就是要台灣人以「八紘一宇」的團體精神，從物與心兩方面，徹底去除從前的思想、信仰、物質等狀態，成爲完完全全的皇國居民。因此台灣人應了解皇國肇國的大義，體會皇國精神，並自動地發起更改以往生活方式與舊有風俗習慣等皇國民同化運動。

殖民政府首先從語言著手，爲了普及日語，學校一律取消漢文讀本，禁止設立私塾。並在各地設立「國語講習所」，利用晚上教授失學的男女青年日語；老年人則另闢「

皇民塾」，選村內較懂日文者，或公學校畢業的擔任補助教師。

今年70歲住在溪北的蔣月霞，17歲自嘉義郡白川公學校高等科畢業後，經過 4 個月國語講習所專任教師養習所訓

◀教室內，新港公學校的老師，正在鼓吹「共存共榮」的觀念；教室前方的牆上，一幅大東亞共榮圈的地圖，很明顯看到台灣位於樞紐的位置。

練，即進入溪北國語講習所，擔任月薪30元的專任教師。那時不懂日語的村人，晚飯吃過後，就在六興宮旁邊的講習所學「國語」。蔣月霞談到當時教日語時，「老伙仔人，包袱巾（ふろしき）發音轉不過來，就唸成『牛母死去』

▲改日本姓名時，在庄役場工作的蔡乾亨（中坐者），以祖籍地「平山」代替「蔡」。

文昌國小退休72歲的蔡玉村老師（左１）談到其父蔡乾亨更改姓名的經過：「阮爸爸當年在新巷庄役場做助役，就一直想要如何改又能不忘本，阮祖先是從福建省平和縣山尾坑來的，就將『蔡』改爲『平山』。」

來記。」

至於一般皇民化較深常講日語的家庭，則在門上掛一塊木牌，寫著：「國語常用家庭」，比起一般台灣人他們也較受日方禮遇。

根據1940年出版的「新巷庄勢要覽」，新巷庄國語講習所在1940年計有17間，共有 6,401 人在講習所研讀過。加上公學校就讀過的 4,054 人，新巷庄本島人總人口 21,660 人中有近半數會講日語。

▲皇民化運動時，日本政府鼓勵台灣人穿和服。但穿著繁瑣、價昂的和服，在鄉間一直推廣不起來。

改姓名・穿和服

1941年太平洋戰爭後，日本更鼓勵台灣人改日本姓名。當時改姓名的以地方上「頭目鳥仔」和公職人員爲多。殖民政府更以從中可獲得實際利益，獎勵台灣人改姓名。

「我改姓是因爲要一張黑米單！」71歲的陳春廷談到當年改叫松島昇的原因。戰時物資配給，日本人領的是紅米單，吃蓬萊米，份量較多；有改姓名的台灣人是黑米單，

▲月眉潭信用組合職員到嘉義神社參拜合影。

嘉義神社於1915年舉行鎮座式，1917年列格爲縣社。

殖民政府在信仰的皇民化上，著重思想信仰的改造，想以國家神道代替台灣固有的宗教信仰。透過親王顯貴的參拜行爲，彰顯神社的神聖與崇高性，誘導一般民衆前往參拜。

►►1942年台灣神社例祭日，嘉義神社舉行遙拜式，嘉義郡各町的日本神轎皆出動。

新巷庄庄民，在嘉義專賣局工作的林玉鏡（圖左），亦加入扛神轎行列。

也是蓬萊米只是數量較少；沒改姓名的台灣人，是一張白米單，數量最少，吃的是在來米。

至於改穿和服，鄉下人並不習慣；陳春廷指出有能力穿和服的，大抵家境都很好。「拿 2 、 3 隻鷄，換一條腰帶，一般人都買不起，更何況單單和服的腰帶就那麼長，可以做 2 、 3 件衣服！」穿著繁瑣、價昂的和服在鄉間一直推廣不起來。

爲了要割斷台灣與中國間的臍帶，只要能引發台灣人對中國的聯想的都得消除。93歲的林清泉其祖先是從福建省平和縣移民來新港月眉村，「皇民化時墓碑上頭的『平和』兩字叫你拿掉，換寫上現居地『月眉』才可以。」林清泉說。

拜日本神・過日本年

日本據台初期，總督府鑑於台灣民心未定，前三任總督

▲1938年西庄舉行「收穫感謝祭」，除了祭拜原有的三官大帝外，還要拜日本最尊貴的神——天照大神。

對台灣固有宗教都採取較尊重的立場。到了「恩威並施」的兒玉總督時代，其任內最大的宗教措施，就是建立台灣神社，奠下國家神道在台發展的根基；但對於台灣人的宗教信仰及風俗習慣並未嚴加干涉。

隨著中日戰爭的爆發，第17、18任總督小林躋造（1936年10月上任）和長谷川清（1940年12月上任）在台灣強力推行皇民化政策。在「信仰的皇民化」上，總督府以天皇崇拜的國家神道，作為精神統治的機器。台灣舊有的民間信仰被斥為「迷信」、「違反國民精神」，代之而起的是神社的興建，強制台灣人到神社去參拜，祈禱日本「武運長久」。

在日本，天照大神被視為天皇的祖先，是日本最尊貴的神，大麻是一種代表天照大神的神符。1936年總督府舉行神宮大麻頒布儀式之後，強制各家庭奉侍神宮大麻，正廳

▲1938年西庄的收穫感謝祭，室內的集會場所，四周以麻繩結白紙，祭拜天照大神，是典型的日本祭典。

內又不允許與其相同尊崇的神佛和供桌存在。家中神像改拜日本神，神宮大麻神龕進駐台灣人的神明廳。住在溪北的李魁俊，則偷偷將開基祖和祖先的神主牌藏起來，以免遭砍燒的命運。

昔日新港的西庄在秋收後，都會做年尾戲來感謝三官大帝的保佑。到了1938年，任職新巷庄役場的鄭坤明，在講習日本教回來後，與西庄保正何士有召集青年團，舉辦「收穫感謝祭」，西庄村民除了拜原有的三官大帝之外，還得在四周結紙的集會所內，祭拜日本天照大神。

對於林立的小廟，其神像若同屬一類，則被「關」在大廟集中管理。信仰不明的則被燒棄，乩童也在禁止之列。

奉天宮第１屆董事長85歲的林振邦指出，新港嘉慶辛未年建的土地公廟「肇慶堂」也被拆，土地公一尊放在大興宮，另一尊放在奉天宮。

大廟雖沒禁止參拜，但只准拿香不准燃燒金紙，今年84歲，日據時在奉天宮廟前開布行的林出平，談到日本整理寺廟的歷史時，當年奉天宮的金爐還被封條封起來！連金銀紙的生產也被取締。住在月眉的林清泉，在神明生日時

◀過年的前夕，新巷庄的青年團在新港大街挨家挨戶的門口，插上榕枝，呈現典型日本過年的氣氛，以迎接新的日本年。

辦牲禮去廟裡拜拜，日本警察看到就走過來對他說：這不好呀！沒衛生。

昔日新港廟會神明生日時，總少不了的歌仔戲也漸漸式微，代之而起的是一齣齣宣揚忠君愛國思想的改良戲。

▲檢閱比賽時，青年團正面向日本國旗敬禮。每年全庄各青年團都要舉行檢閱比賽，優勝團再參加郡賽。

目前擔任舞鳳軒總綱76歲的黃瀾洲指出，大正、昭和初期，新港文武館很興，幾乎每一個庄頭都有自己的子弟戲，皇民化時北管舞鳳軒只有排場沒有演戲。戲劇表演只剩下在新港戲園以半台語半日語演出的新劇（話劇），宣揚日本精神。

1940年總督府宣布廢止過農曆年，規定要過「日本年」（陽曆過年），「過年時，門斗頂要掛草繩、結紙條，草繩上放橘子，門口放榕（或松）樹。」91歲的老郵差林在談到當時過「日本年」的狀況，巡查則街頭巷尾巡視，看各戶有沒有在過「日本年」。「他的年」過完，台灣人才偷偷過「咱的年」。

▲青年團集會時，在二次世界大戰期間接任新巷庄庄長的瀧野平四郎，正在宣讀「明治天皇敕語」，全體肅敬聆聽。

◀1943年，西庄幹部鍊成會紀念照。當時青年是皇民化運動最好的對象。

青年團

在皇民化運動推行過程中，殖民政府最重視青年階層，青年是皇民化運動最好的對象。

▲嘉義郡於1940年遴選優良的青年團成員，赴日觀摩，鼓吹皇民化思想。18歲的李魁俊和林彬然是新港的代表。李魁俊指出，那時早已被灌輸要有日本精神，看到台灣和日本差距這麼大，很感慨。

▲▲1942年皇民奉公會嘉義支會結業合影。1941年，太平洋戰爭後，「皇民奉公會」隨之成立，成爲皇民化政策的推行中心。

青年團創始於1914年（大正３年），初爲青年會，女子青年團則創於1919年（大正８年），初爲處女會。1937年中日事變爆發後，殖民政府爲加強統制青年團，團員由原先公、小學校畢業自願參加的青年男女，改爲一律參加。

根據1940年新巷庄勢要覽，新巷庄男、女青年團計有10支團，56個分團，團員共有 4,190 人。每年都會在新港公學校舉行檢閱比賽。

16歲時擔任溪北女青年團分團長的蔣月霞談到，青年團都是利用晚上在六興宮廟口集合訓練，宣示團綱、唱愛國

歌、軍隊式檢閱、培養日本精神。有時也參加勤勞奉侍的工作，出公工清潔環境衛生、造路。

全庄檢閱比賽前各庄都利用晚上加緊訓練，公學校老師則擔任指導員，優勝的隊伍再代表新巷庄參加嘉義郡的比賽。「當年阮溪北、月眉女青年團，參加嘉義郡的比賽，還得到第3名。」蔣月霞說。

此外，1940年，嘉義郡還遴選優秀青年團員，到日本觀摩；1941年，「皇民奉公會」成立，全力推動皇民化政策；1942年，番婆庄並舉行「相撲大賽」，移植日本精神。

▲1942年，在皇民化運動的鼓吹下，番婆庄的壯丁們，於8月27日舉行了一場盛大的相撲大賽。

當時爲了協助「巡查大人」捉拿「土匪」，維持治安，以及移植日本精神，日警引進相撲到台灣。

►1940年，埤仔頭派出所轄區內的第1位志願軍夫陳生，前往海南島前，身上披著向千里眼爺求來的紅綾，與未婚妻合影。

軍夫徵傭陳生

1940年（昭和15年）農曆過年後，住在南崙20歲的陳生，身上披著向千里眼爺求來的紅綾，在4、5個獅陣的吆喝聲中，跟手拿「國旗」的村人，浩浩蕩蕩，從南崙走到北崙、埤仔頭、海瀛、潭底仔直到新港，歡送他前往海南島。

▲1938年，新港陳雙喜（中坐者）被殖民政府徵召爲第1期軍夫。手提著奉公袋，帶著家人的相片和日用品，在上海擔任補給輸送的工作。

爲了慶祝轄區內第1位志願軍夫，埤仔頭派出所，發動轄區內4個庄頭，每戶出1元送給陳生；出2元的，則可以參加辦桌的歡送宴。

自父親過世後，身爲長子的陳生，扛起家庭重擔。原本在嘉義醬油廠工作，月入10幾元的他，爲了家計選擇月俸80元的軍夫工作。

辭別了家人和未婚妻，帶著丈母娘向新港、北港媽祖廟、嘉義城隍廟求來的香火前往海南島。門前地上插著20多根竹子，每根竹子掛著近3公尺長的白布，上頭寫著：「軍夫徵傭陳生」。在冷冽的東北季風下，白布在空中呼！呼！地吹著。

他在海南島擔任輸送的工作，幫軍人扛槍、搬子彈；此時的日本仍趾高氣昂，沈浸在帝國的美夢。半年後他回到台灣，與未婚妻結婚。

▲二次大戰被徵召做衛生兵的許炳南（前排中），出發赴海外前與家人合照。後排左1立者就是入贅到許家的林在。

戰後，許炳南返回新港家鄉，受朋友相邀，加入二二八時的「自治聯軍」，在往小梅的路上，被國民黨軍隊殺害。

昭和17年，妻子因爲頭胎兒子夭折，整日哭哭啼啼。心煩的陳生想乾脆再去海外，看能不能有所發揮。這一年他再度志願加入「台灣特設勤勞團」，與新港志願、被強制徵召的15位鄉民，同赴南太平洋的拉巴斯島。從事運輸、建設等勞力工作。

原本1個月領131元的薪餉，隨著戰事的吃緊，從昭和19年到昭和20年戰爭結束時，他少領2千多元薪資。

日本戰敗後，4、5千位台灣人，留在拉巴斯島上苦候船隻接送回台。剛開始大夥就地取糧，播稻、摘椰子、摘木瓜，隨著食物供給愈來愈少，連蛤蟆也捉來吃，只要能下肚的，都逃不過衆人虎視眈眈的雙眼。

1946年，他回到台灣。出去時，1角在當時很好用，回來時，在基隆港下船吃一碗麵，卻要5元！離開台灣時，尙在妻子肚子內的孩子，也已經4歲。

▲隨著戰事的吃緊，1944年日本在台實施第1次徵兵，共有20多萬人投入。當時新港也有大批青年參與，後排右1即林玉鏡。

陳生的母親看到4個兒子，有3位離開台灣島的，都能平安回來，趕緊帶著1錢錢幣100個，到奉天宮叩謝媽祖的庇祐，不會算術的她深怕算錯，每一跪就放1錢，直到100叩首。

今年75歲的陳生在南崙的家中，手拿著50多年前第1次赴海南島，日皇特賜金60元，每年利息2.9元，到昭和35年本金和利息一起償還的賜金證明紙，與第2次出戰日本所積欠的薪俸證明說：「爲了改善家境、有機會爲國盡忠，才去賺這生命錢！」紙已泛黃，而昔日翩翩少年，歷經兩次戰火的洗禮，已成白頭老翁。

隨著戰局擴張，1942年實施海軍特別志願兵制度，1944年實施台灣徵兵制度，加上各軍屬、軍夫、海軍少年工作員、從軍護士、農業義勇隊、學生兵等，台灣有20多萬人，在聖戰的名義下，投入這場戰爭。

▲1942年日本攻陷新加坡，嘉義郡舉行化妝遊行慶祝會，圖為獲得第1名的專賣局員工合影。

遊行中，有的員工扮美軍、有的演俘虜，有的頭戴防空頭巾、手拿防火梯，十分有趣。

慶祝新加坡淪陷

1941年日本偷襲美國珍珠港，對英美宣戰，外相松岡洋右提出「大東亞共榮圈」的宣言。歌聲雄壯飛揚的「太平洋行進曲」，隨著日軍在東南亞戰勝的雄風，在各地戰士們口中高唱著——

仰望榮耀的軍艦旗
艦身刻著天皇的菊紋
讓太平洋成爲我們的海洋
今朝　風也神氣十足
讓我皇國的生命線延伸

初期日本銳不可當，1942年元月佔領馬尼拉，隔月佔領新加坡，3月佔仰光，4月佔領菲律賓的巴丹半島。

日本每次若戰勝，就動員青年團、學校、庄役場各機關提燈仔火遊街。高呼：日本天皇陛下萬歲！93歲的林清泉談到每次日本打贏時，分駐所就通知保正、地方上的有志者，出錢辦慶祝會，又吃又喝。

▲新加坡淪陷時，新巷庄兒童在日籍老師家裡舉行慶祝會。

18歲時由新港隻身到嘉義，白天在嘉義郡專賣局工作，晚上就讀青年學校的林玉鏡談到，日本攻陷新加坡時，嘉義郡動員各機關舉行化妝遊行競賽，在這場遊行，專賣局拿到第 1 名。

有的員工演美軍、有的扮俘虜；有的頭戴防空頭巾、手拿防火梯。當時日本 有 1 億多人口，加上戰時急需補充兵員，「佔這麼多地方，移民不夠人數，就有人男扮女裝演孕婦，手上牽 1 個囝仔、背後背 1 個、車裡放 1 個、後頭跟著 2 、 3 個，鼓勵台灣人要多生小孩。」當年演被俘虜的印度人，今年71歲的林玉鏡說。

他們推著用牛車輪和鐵管做成的戰車，在電土（乙炔）上澆水，讓它冒煙後再點火，「『轟』一聲像砲擊，關在籠中扮演『邱吉爾』、『羅斯福』、『蔣介石』的 3 個人，就紛紛倒地。」林玉鏡說。

愛國婦人會

台灣進入戰時體制後，官方婦女團體的活動更加頻繁，成爲殖民政策活動的推動者。

「愛國婦人會」創立於1901年（明治34年），台灣支部則於1905年（明治38年）成立，原本活動內容大抵是從事社會事業，戰時則擔負起後方婦人奉公的任務。1939年新巷庄愛國婦人會共有會員 1,386 人，其中特別會員58人。

69歲的何采薇談到，在戰時一些愛國婦人會會員手拿白布巾，站在街頭、拜訪家庭，請人一人縫一針，製造「千人針」，送到戰地。「讓戰士身上帶著千人的祝福、力量，共同協助他打贏這場『聖戰』。」她說。

有的則請人咬手指頭，每人滴幾滴血絲在白布上，寫著「忠君愛國」四個字送給出征士兵。

1942年（昭和17年），原本的愛國婦人會、國防婦人會、連合婦人會等婦女團體，在東京結合成大日本婦人會，同年 6 月10日台灣支部成立。

隨著戰事吃緊，學生到處撿拾罐頭、瓶子、紙張交給學

▲1942年，新巷庄大日本婦人會會員，組織「婦人報國貯金推進隊」，勸人貯金，圖爲1943年推進隊活動紀念照。

校販賣，作爲「國防獻金」。而大日本婦人會的會員也組織報國貯金推進隊，半強制性叫人貯金。

學馬來語

隨著日本「南進」的主張，和挾著二次世界大戰初期戰勝的雄威，在台灣島上掀起一陣語言熱，有的學「支那話」，有的學南洋語系。1943年嘉義剛好有位從馬來西亞回來的醫生，在衆人要求下開班教馬來語，爲期 4 個月，那時新港也有 4 人加入這個行列。

家裡男丁衆多的洪恭利，害怕萬一那天被徵調去南洋打仗，抱著先學起來再說的心理，每天從新港騎 1 個多小時的腳踏車到嘉義學馬來語。

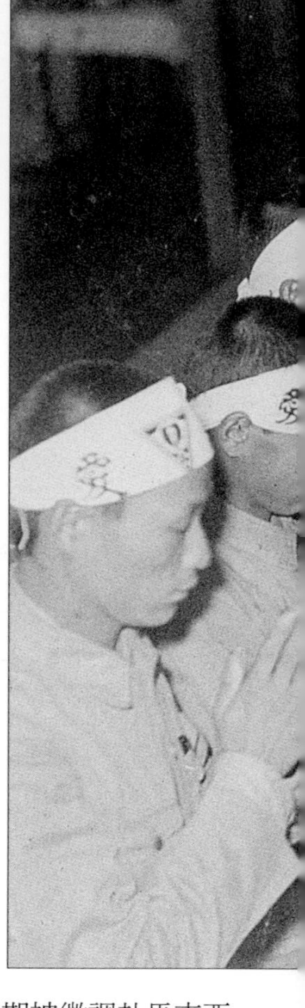

▲1941年專賣局技術養成工，師生合攝於淡水養成所。

「日本師父很嚴格，學不來，就用打的；做給你看，不會留一手。」林玉鏡說。

新港有學馬來語的林進木，在戰爭末期被徵調赴馬來西亞作戰，日軍敗勢時，同連的士兵被俘虜都遭殺害，只有他會講馬來語而被留做通譯。戰爭結束後，一個人背了13具同袍的骨頭灰回到台灣。

職業養成所

▲▲1943年嘉義馬來語講習會第1期結業時，在嘉義神社前合影，第3排右1爲林進木。

1940年15歲的林玉鏡從數千名參試者中脫穎而出，考取了只錄取40名的台北專賣局技術養成所。

在1年的養成所裡，早上學習機械理論的課程，下午就

▲養成所內，吃飯前得先合掌默念，感謝日本天皇後才開飯。圖中的青年都紮上頭巾，誓示為聖戰奉獻。

今年71歲的林玉鏡說：「每餐吃飯前，所有成員都得唸：『今天有這頓飯吃，要感謝天皇陛下』，才開動。」

到工廠實習。

1941年結訓後，他被派到嘉義專賣局酒工廠工作，專門負責修理機械，晚上則在青年學校上課。在戰時，凡是沒有繼續升學的公學校畢業生，都得去唸5年制的青年學校，最主要是教授軍事訓練，以便畢業後當兵，可以馬上進入狀況。

3年後，他被調到番仔田（在今台南縣隆田）工廠，那時廠裡的幹部，都是日本人，林玉鏡則是首位升任職長（領班）的台籍員工。日本逐漸敗勢時，這所軍事工廠以專

▲在專賣局擔任技術工的林玉鏡，專門負責機械的修理維護工作。

賣局職工和招牌做掩護以防美機轟炸。當時有位帝國大學教授馬場，在工廠裡研究以糖作爲飛機用油的代用品。

林玉鏡養成所的老師，調了14位他訓練過的技術工到番仔田，加入生產的行列，「戰時別人在做勞務工，番仔田工廠的工人都不用調去做。」

1944年，隨著戰局的需要，日本在台灣由原來的志願兵制改爲徵兵制，凡役齡青年均徵召入伍，20歲的林玉鏡，也在這一年，被徵調去當兵。

▲1940年新巷庄家庭防空、防火演習。

隨著戰火的逼近，爲恐美機來襲，各地都加強防空防火的運動。「演習時，各鄰組防空頭巾戴著，提著水桶練習接水打火。」何采薇說。

家庭防空防火演習

咚咚咚　鄰組
打開門　都是熟悉的臉孔
請給我　輪流閱覽的佈告板
被告知　也告知人
咚咚咚　鄰組
這事那事互相照顧　味噌醬油借來借去

▲二次大戰時，婦女出門得備防空帽，新港鄉民何釆薇特別示範戴上當年保存下來，已有50多年歷史的防空帽。

燒飯的方法　可越過矮牆
被教導　也教導人
咚咚咚　鄰組
地震打雷　火災或偷竊
互相協助　互爲保鏢
被幫助　也幫助人

咚咚咚　鄰組

無論有幾間住屋　也像一家人

同心合一　如在同一屋簷下

衆人解決你的問題

你也解決他人的問題

「鄰組」是戰時爲建立後方的生活體制及發揮守望相助的精神，每1甲10戶所成立的鄰里組織。

「每個月開會時，都要唱『鄰組の歌』。」日據時在新巷庄郵便局工作的何采薇說。

二次世界大戰隨著美軍從南太平洋反攻後，台灣也日漸逼近戰火的邊緣，爲恐美機來襲，各地都加強防空防火的運動，每戶門前都備有防火用水、防火用沙。

日本敗勢時，實施燈火管制，玻璃窗要糊上紙，天窗要遮蓋，家裡有裝電燈的，要車一邊黑布一邊紅布，做燈罩套住燈，讓光不能外漏。每戶得挖掘防空壕，出門時女人頭戴防空頭巾，男人要準備盔帽；而其製品隨著戰局逆轉而不同，「剛開始是戴鋼盔，後來變做鐵、錫，到最後物資缺乏，就用竹子編做帽子來戴。」日據時服務於嘉義郡役所的陳坤海說。

到戰爭尾時，有一次美機來襲，從天上丟下一顆「炸彈」，落到文昌國小裡，附近居民心裡想這下慘了，躲在防空壕不敢出來，那曉得一直沒聽到爆炸聲，當中有較大膽的人，前往探個究竟，「一看，原來是用完的汽油桶被美機拋下來。」91歲的林華嵩說。

剝樹皮

1941年日軍偷襲美國珍珠港，太平洋戰爭爆發。1942年6月中途島海戰，日本大敗，戰局隨之逆轉，美軍節節向日本本土推進。夢想擴充挖掘太平洋上資源的日本，也因

▲戰時物資匱乏，棉花短缺，新港公學校老師帶領青年團遠赴山區，爬樹剝樹皮，抽取纖維，以做衣服。

陷入戰爭的泥淖中急需大量的軍費，1944年強迫台灣人賣出黃金。

戰爭末期，警察大人在各庄頭集合庄民，告訴大家家裡頭有黃金的要拿出來，賣給台灣銀行，否則被搜到就沒收、告發。「恐嚇百姓乖乖交出來，別想偷藏，即使埋在地底，也有儀器可以測量出來。」91歲的林華嵩談到這段歷史，「看到阮媽媽掛在牆上的照片，手上戴有金環，就不得了，一直追問金環有沒有交出來？」而他家的金子白天偷偷藏在桶子裡，沈入井底，到了夜晚才把它拉起來而躲過一劫。

舉凡鐵器要交出，許多地方的古砲也被拆去煉鐵。「鐵

▲新港公學校老師和青年團幹部，從嘉義請來崛江相館，特別爲赴山區剝樹皮的成果留影。後排中立者爲新港公學校最後1任日籍校長平田。

窗也攑光，腳踏車沒有內胎，用大繩替代放在車輪內，騎時是叩叩跳。」85歲的林振邦說。

物資匱乏糧食配給，1星期有3天吃米的代用品，買粒高麗菜要排1個多小時，1個月配給5角的豬肉，「領到豬肉就煮一大鍋刺瓜仔湯，吃10幾天，吃過再燙，燙到後來瓜仔是爛糊糊。」戰時在嘉義糧食局辦米配給的何采薇說。

戰時布料欠缺，大的舊衣改給小的穿；72歲的陳坤海指出，有的鄉下人就拿鷄蛋、鷄，向日本婆換和服回去改做衣服，甚至米粉袋剪個洞就穿上。當年新港青年團更遠赴山區，爬樹剝樹皮抽取纖維，以供製造衣服。

「戰爭尾時棉布缺乏，還出現一種『化布』，遇到水就破，百姓喊行不通，後來才研究出防水加工品。」日據時開布店，擔任棉布副組長84歲的林出平說。

【參】歡樂慶昇平

歡樂慶昇平

1945年 8 月，美國在長崎、廣島丟下兩顆原子彈， 日皇透過廣播宣布無條件投降， 9 月 2 日麥克阿瑟在東京灣的美艦密蘇里號，代表盟軍接受日方的降書，結束日本在台灣50年的殖民統治。

◀1945年10月10日，由剛從海外歸來的「日本海軍工員」和新港的壯丁團組成的遊藝隊伍，有的男扮女裝，有的演小丑，吹奏著向新港公學校借來的樂器，沿街表演，唱著望春風，唱著：「台灣今日慶昇平……」歡迎新政權的到來。

「用紅紙剪一個圓圓的日本紅點旗，把它剪破貼在臉上，表示中國贏，日本戰敗。」當年是日本海軍工員，甫從海外回來，參與活動的林秋林說。

爲了迎接台灣光復，回到祖國的懷抱，新港鄉民們擠在長老教會教堂內，在牧師的教唱下，學唱「台灣光復紀念歌」——

「台灣今日慶昇平，仰首青天白日晴。六百萬民同快樂，壺漿簞食表歡迎，哈哈，到處歡迎，哈哈到處歌聲，六百萬民同快樂，壺漿簞食表歡迎。」

生活篇

▲戰後，講ㄅㄆㄇ的北京話，取代了日語。1946年以加強老師「新國語」的師資訓練班首次開辦。

大家來學ㄅㄆㄇ

1945年，代表國民政府的接收人員到達新港時，人們拿著紙旗列隊歡迎。東京帝國大學畢業的林金生以生澀的北京話致詞時，講到：「我是台灣人，你是中國人，我們……」人們搞不清楚，爲什麼林金生講的「新國語」要「餓死台灣人」？

日本投降不久，新港公學校的老師們著手清理學校內的日本書、掛圖、歌譜，「有時加夜班整理，都一車車載去燒掉。」曾任職新港公學校，68歲的董花園說。

這年4月入學的鄭茂仁，在短短的一年裡，就讀三種書：日語、漢學和國語。剛光復，教日語行不通，講國語又無從著手，只得請來昔日私塾的漢學老師，教授著：人有二手，一手五指……

漢學老師持續教了2、3個月，才由曾在東北滿州國住

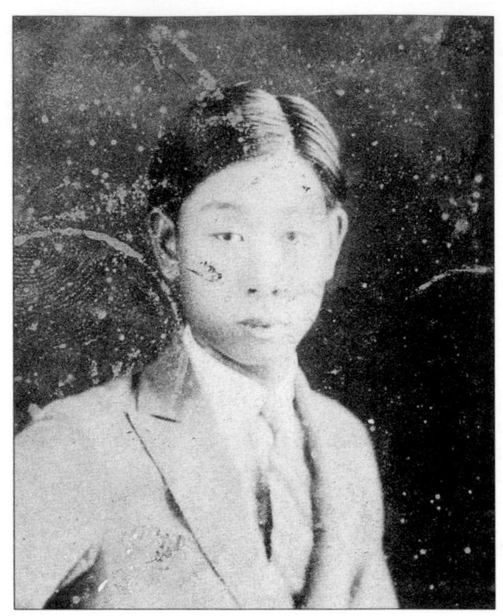

▲二二八事件的罹難者林光前。

在嘉義農業職業學校任教的林光前，在二二八事件亂事稍平時，回到學校。3月21日林光前在學校宿舍，被兩名憲兵帶走，自此，音訊全無。

▲▶二二八事件的罹難者李廷芳。

1912年出生的李廷芳，日據時，自嘉義中學畢業後，在哥哥的代書事務所，擔任「筆生」。後來他也考上代書，在哥哥去世後，他繼續執業。

二二八時，和日據時擔任海軍工員，戰後才回來的姪子李啟章，在逃往小梅的路上，遭國民黨軍隊攔擊射殺。

了3年，於1944年返台的陳清華，利用放學後教老師ㄅㄆㄇ。

「當初是『學教』、『學教』，下午學ㄅㄆㄇ，隔天一早再教學生唸。」董花園說。

1946年入學的林柏蒼，一年級時單單ㄅㄆㄇ就有5位老師教過，全班到5年級時，四聲仍分不清。5年級時由參加過師資訓練班的許四川擔任導師，「全班ㄅㄆㄇ、九九乘法又從頭教起，才搞清楚。」

戰後初期，師資缺乏且程度良莠不齊，有從大陸撤台的士兵，參加隨營補習後就出來擔任教職，也有偽造文憑的，「當時有的老師教育程度很低，數學自己都搞不清楚，說1/2＋1/2＝2/4。」現任安和國小教務主任林柏蒼說。

二二八在新港

1947年3月下旬，二二八事件亂延至嘉義。

當國民黨軍隊來到民雄田中央時，新港街上有人鳴鑼，

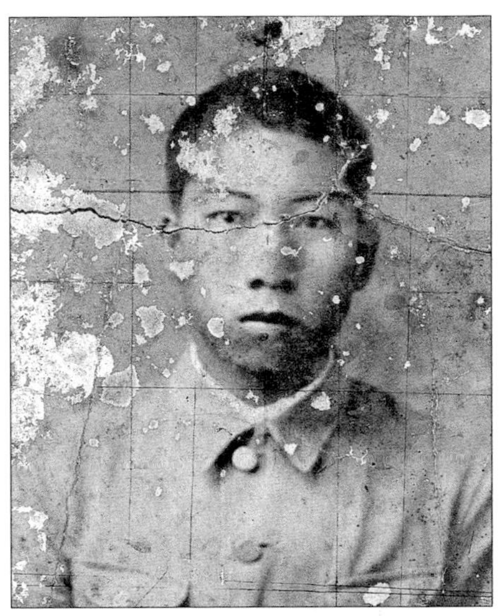

▲1922年出生，外號「黑狗鄰」的黃清鄰，日據時，曾到日本大阪唸醫專。戰時實施物資配給，原本是新港著名廚師的父親，無法再供給他唸書。

返台後，一度牽馬車維生，後來在稅務機關工作。也當過日本兵，被徵召到海南島打仗。

二二八時，朋友相邀加入自治聯軍，小梅一役之後被捉，在新港遊街後，於現在新港天主教教堂附近被槍殺。

▲◀ 領導新港自治聯軍的林金城，在小梅一役雖然逃脫，後來被捉，在北港溪邊被槍殺，留下兩名稚子。

高喊著：「中國兵仔要來囉，大家竹篙鬥菜刀，和他們輸贏。」

來自新港、北港、嘉義和其他地區，由林金城、張梗、李廷芳領導的新港自治聯軍，佔據了分駐所。當國民黨軍隊快進入新港時，雙方發生槍戰，只有40幾個人的自治聯軍打不過，便逃往北港。

這時，新港街上家家戶戶緊閉門窗，來不及關上門的全益芳種子店老板林華嵩，索性鎮靜地坐在事務桌前往外看，一群腳穿草鞋、布鞋，褲腳綁腿隨便繫，服裝不整的祖國軍人，幾百個人走在街上。一直憨憨懷念祖國的林華嵩，疑惑著：這就是祖國的軍人？

鄉長林甲炳早已嚇得躲在廁所發抖，不敢出來，叫小使趕快去學校請老師來做通譯。後來鄉公所有人出來敲鑼喊話：「國軍是要來保護善良百姓，大家不要怕，士農工商照樣進行……」

在新港往北港路旁的墓仔埔，3位放牛、趕鵝的孩子，看到國民黨軍隊來，倉皇中想跑去躲而遭槍擊。17歲的張金龍，祖母趕到時，發現他肚腸都流了出來，躺在地上，第 2 天晚上就死了；17歲的陳秀鑾，父親陳天送請了大頭車將她送到嘉義，醫生還來不及動手術，就斷了氣。14歲的許月雲，母親許鄭招治趕緊用米籮把她扛到林玉錡醫師那兒，街上荷槍的士兵，看到人就打，許鄭招治指著米籮內女兒身上的鮮血，說是要扛去給醫師看才放行。拖了 4 個月後，最後還是死了。

「當時的中國兵仔公然在街上搶劫，看到豬攤上的錢也拿，看到手錶就搶，甚至禮拜天，教堂在做禮拜，也進去搶。」87歲的林玉錡醫師見證說。

國民黨軍隊要前往北港時，怕遭到自治聯軍襲擊，將鄉長林甲炳、村長、各頭人，5 個一綁押在隊伍前頭，揚言自治聯軍若敢打軍隊，就先殺了他們。當隊伍行經西塚時，民軍原本要開槍，躲在裡頭的「黑狗鄰」，認出他新港國小的老師吳金木，才沒有開槍，而讓隊伍通過，化解一場槍戰。當這群人從北港回到奉天宮前被放開，一個個用爬的進去，直向媽祖叩謝。

國民黨軍隊並揚言，新港若敢再亂，全鄉將燒成平地。

在嘉義農業職業學校任教的林光前，在亂事稍平時向父親林蘭芽請示，是否可以回學校？林蘭芽回答他：「手無拿刀，閒了了，去沒有關係。」3 月21日，林光前在學校宿舍被 2 位穿制服的憲兵帶走，從此音訊全無。

自治聯軍後來乘 4 輛卡車逃往山區，在小梅的路上遭國民黨軍隊攔截，大部份戰死在此。被捉到帶回新港槍殺的有黃清鄰、蔡南男、林金城。

另有從虎尾那邊捉來的 7 個人，在新港遊街後被帶到墓仔埔槍斃。當年大家生活都很苦，缺衣服穿，隔天，「看沒人去收屍，連這些死人的衣服也被人偷剝光光。」林華嵩說。

◀1951年，林金生當選第1屆嘉義縣民選縣長，就職典禮時攝於縣政府。

「林維朝的孫子，大概不會歪哥！」當年，新港鄉民以1萬2千多票比61票的懸殊比例，支持林金生當選。

第一屆民選縣長林金生

1943年（昭和18年），東京帝國大學法律系畢業的林金生，因爲父親林開泰醫師逝世而回到家鄉。

身爲兄長的他，下有5弟5妹，爲了家計，林金生每天率領弟妹下田。赤著腳，走在路上看到牛糞，都撿回家當肥料。

▲1953年 7 月，民雄分局舉行為期一個星期的消防隊員訓練。

「講政治常識，講三民主義，就是沒說到消防。」當時也參加訓練的林玉鏡說。

自小身體羸弱，公學校 6 年， 3 個學期中有 2 個學期在生病，林金生大半時間在家裡自修；喜愛文學、好讀小說的他，中學考試時，算術10條只寫了 6 條，「一直煩惱，怕考不上眞丟臉， 2 個晚上都睡不著。」現任總統府資政林金生說，後來小使來通報，他以第69名考上日本人子弟佔大多數的嘉義中學，並且作文拿下第 1 高分。

戰後，他被派任爲東石區長。1951年參選第 1 屆民選縣長。「林維朝的孫子，大概不會歪哥！」新港鄉民以 90.6 %的高投票率， 1 萬 2 千多票比61票的超懸殊比例，支持他當選第 1 屆嘉義縣民選縣長。

消防隊員兼警察

日據時，台灣的警察，以日本人佔大多數，隨著日本戰敗，發生青黃不接的現象。

「光復初期訓練 3 天，出來就可以做警察。」新港消防隊退休的林玉鏡提到。後來收編日據時的消防隊員兼做警

▲新港鄉農會倉庫淹水的情形。

1959年的八七水災，是台灣災害史上的重大天災之一。對台灣西部沿海最精華的農業區域，造成重大損失。

察，平時背著戶口名簿去做調查，聽到火災再趕回來開消防車去打火，當時政府財政困難，消防隊原本歸警察管，開支由鄉公所支付，但有的鄉公所很窮，無法支付制服的費用，「當年消防隊員有穿拖鞋、有赤腳、頭戴斗笠在打火。」1953年 4 月進入消防隊的林玉鏡說，直到開支又納入警察系統才上軌道。

八七水災

1959年 8 月 7 日晚上，天空下著細雨，新港上空閃電交加，空殼雷直直響。

然而，猛爆的大雨，襲擊著山區；水，如脫困的野獸往下狂奔。 9 點鐘，位於虎尾溪和山疊溪交會處的埤仔頭村

▲巡警李灼源、汪修烈、于明德和董巡官，游泳救出古民村產婦黃許阿盆母女等。4位巡警怕她昏倒，「一路上一直摸著我的頭，一直叫我不要怕，他們會保護我。」阿盆說。

開始入水，柴林腳土堤潰決，水位以每半小時上漲1尺多的速度，急速上升。這大水，毫無預警的來到，黑夜中傳來人們驚慌的哭號和慘叫。

堤防下的阿己、阿茂兩家首當其衝，7、8個人跟著被拔起的竹管仔茨，隨波而去。阿歪的兩個兒子，躲在古亭畚內，原以為在高高的甘藷簽上頭很安全，卻沒料到古亭畚承受不住衝擊垮了下來，人也隨著洪水而去。

黑夜中傳來方柱一家的救命聲，蒲家的父親吩咐兒子阿宗撐排筏去探個究竟，等阿宗從傾斜的屋子救出阿柱一家6口，撐著排筏回到家時，不到幾分鐘，阿柱家的竹管仔茨就崩陷水中。

水，一直往上漲，躲在天花板的人們，設法鑿洞攀爬至屋頂上，埤仔頭看得到茨頂的屋子剩沒幾間，人們只有等待……

半夜2點多，古民村傳來急促的鑼聲，阿孔明仔邊跑邊

▲嘉義軍隊派來的救生船搶救災民一景。

八七水災新港災情慘重，當時救災指揮官謝晉驥，從望遠鏡查看到中庄、古民一帶，很多人已爬到屋頂，等待救援；趕緊從嘉義調來軍隊加入救災的行列。一艘艘救生船，將災民疏散到奉天宮災民收容處。

吶喊著：崩囉！破堤囉！大家趕緊起來做堤岸。

聽到鷄、鴨咕咕叫，牆角水聲洛洛響，從睡夢中驚醒的黃文送，趕緊到鄰房叫醒在白日裡剛產下一女的媳婦黃許阿盆，阿盆的丈夫阿火叫她趕緊下床拿件衣服穿，她腳剛踏下床，才知道水已經逼近床沿，衣櫃早已泡水。丈夫急忙出去趕豬，她一手抱著 2 歲的老大，一手抱著剛出世的女兒，站在疊高的榻榻米上頭，一直驚叫。

水快到「滴水」時，丈夫撐扶她與孩子到穀倉，躲在甘藷簽頂，水一來，甘藷簽就像崩山滑了下來，「還好是窮人底，茨頂都壞了了。」62歲的黃許阿盆回想八七水災時的慘狀說。

她丈夫趕緊用手折斷桂竹，一個個穿洞爬上茨頂。飢寒交迫，冷得直打顫的她，心裡想這囝仔若冷死，乾脆放水流，一看，還在呼吸，強忍著肚痛，緊緊裹在胸前。從金門搬來的鄰居，看到她與懷中的孩子，趕緊從對面的茨頂遞原本裝皮鞋的臉盆給她，遮蓋在雨中的幼囡仔。她的婆

◀八七水災第 2 天，水退後，陳昆山看到義消送飯來，抱著姪子出來看。

在八七水災當晚，中庄入水後，剛退伍在家的陳昆山，與12位家人和 1 隻羊，擠在天花板 2 坪大的閣樓上。

他的堂哥夫婦倆忙著裝甘藷簽，抬去避水。他聽到隔壁護龍 2 歲姪子的哭聲，就把他抱過來。嬰兒沒奶吃，整整哭了一晚。

婆面對這突來的災害，不禁大哭：「父仔，母仔，會流到水底去飼魚！」她的公公黃文送，跟著他家的水牛，在黑夜中漂流而去。

水來時，27歲的許國周趕緊把 2 隻已重達百多斤的大豬趕入屋內，水漲到膝蓋時，他索性把豬牽上床，豬待不住

▲八七水災，造成新港低窪地區水淹2、3天，義消忙著運送飯糰到災區。

，一直打轉想下去，他拿著蒸籠想把牠壓住，一會豬又跑走，他去拖來薄木板想把牠圍住，又拿牠沒辦法，眼看著水一直往上漲，只得眼睜睜看豬隻流出去。黑夜中傳來「轟」一聲，他家的護龍也倒塌。

天剛亮，他趕緊游去找豬隻。一路上看到豬流過來，便拎起耳朵一看，都太小又放牠走。舉目望去，古民村像陷入汪洋中，湍急的溪水滾滾而來，許國周心裡一驚，無力再與大水搏鬥，跟著急流而去，三流四流間，漂到村子外圍的竹林內，雙手抓到竹叢，他緊緊握住這救他生命的枝幹，竹叢內還塞有1、20隻豬。

在竹叢上待了2個多小時後，他定下神來，往家裡游去，63歲的他想到昔日的苦情，不禁潸然淚下，原本幾分鐘

▲有錢人的牆壁較厚，沒被水流去；住竹管仔茨的，經不起大水沖擊，流的流，倒的倒。災後，留下滿目瘡痍和待整的家園。

的路，那一天，他游游停停直到黃昏才到家門。

在新港鄉農會頂樓，救災指揮官嘉義縣警察局長謝晉驤，用望遠鏡看到中庄、古民一帶，居民都爬上屋頂等待救援，趕緊回到嘉義山仔頂調軍隊支援。當駐軍運來救生船，在水圳放下時，面對洶湧的流水，士兵們猶豫不前，謝晉驤二話不說，自己先下小艇，阿兵哥才紛紛跟進。「這位外省局長，是咱新港的大恩情人，若沒有他，不知還要死多少人。」當年擔任義消小隊長的林玉鏡說。

中午，當救難人員到達古民時，阿盆的丈夫阿火在屋頂上拚命揮手、呼喊：「救人喔！這裡有一位昨瞑出生的囝仔」。在水深達脖子，4位巡查推著打穀用的甩桶游來，把阿盆和孩子以及8歲的小叔放入甩桶內，向新港游去。4位巡查怕她昏過去，「一路上一直摸我的頭，一直叫我不要怕，他們會保護我。」阿盆說。

到了濟生醫院林玉錡醫生那兒，「屁股像定根，黏在甩

▲八七水災，在新港奪走35條人命。災後沒得吃，連發臭的甘藷簽和餵豬的豆餅也拿來吃。八七水災，成爲戰後新港人揮之不去的夢魘。

桶上拔不起來。」身心疲憊的她在巡查的攙扶下，步入醫院。

先生娘趕緊抱來衣服讓她換，與風雨搏鬥10多小時的阿盆，冰冷的雙手連粒鈕扣都拔不開，全身僵硬舌頭打結，費力地吐出：先生—娘—我—不會—換——。

「一日一暝沒吃的囝仔，玉錡先生的女兒，趕緊抱去餵糖水，先生娘煮炒飯、麻油酒、一尾虱目魚和豬肉給我吃。」阿盆至今仍感激地說。

睡在病房的她，輾轉反側無法入眠，而轉往媽祖廟臨時難民收容所，與被救出的數百名災民同住在供香客住的廂房裡。而她那與水牛消失在黑夜裡的公公黃文送，從古民漂到福德村，茫茫暗夜裡碰到一個東西，緊握不放，天亮

▲新港地區被水沖毀的灌溉大圳。

八七水災造成全省共有672人死亡，383人失蹤，房屋全毀22,055棟，半毀18,962棟，沖走豬隻26,780頭，鷄鴨607,295隻；財物損失達35億元。

一看，置身在墳地裡，手上抓著是塊墓碑。

災情最慘重的埤仔頭，被洪水圍困2、3天，「有錢人的壁較厚，沒流去，竹管仔茨流的流、倒的倒，全庄的厝剩三分之一，沒得吃，舀溪水喝。」住在埤仔頭的鄭癸顯提到當年慘況，當他要幫擔任村長的父親到新港領救濟物品時，看到派出所前那麼多死人排在那，嚇得不敢過去。這場烏水在中庄、板頭厝有6人喪生，埤仔頭一個晚上則被奪走29條人命。

「文雄的太太有身，肚子漲得像條牛，淹死會膨漲，4寸薄板裝不下，叫土公仔一直壓，死人汁是直直滴。」鄭癸顯說。災後沒得吃，連本來養豬的豆餅也拿來吃。

八七水災，成為戰後新港揮之不去的夢魘。

玉錡先生

1935年，畢業自東京醫學專門學校27歲的林玉錡，自日返鄉開業。日據時，一般老百姓生活艱辛，看病求診時，大人 2 日份 5 角、小孩 3 角的醫藥費，窮困的人家往往付不起而欠著。

▲就讀東京醫學專門學校時的林玉錡。

◀林玉錡的家族合照，前排右２爲林玉錡，後排右３即其父林春旺。

林玉錡的祖父林添盛兄弟３人自月眉來新港發展，以扛轎、賣肉圓謀生。49歲那年兼做挑夫的林添盛去世，他的妻子洪伴借錢買穀子，妯娌負責搗米，男人在外銷售，一斗變二斗，在大正年間田園近百甲。

林玉錡的父親林春旺感念父親昔日的辛勞，家境改善後仍誓不坐轎。

「以前做醫生很艱苦，藥費便宜，病人沒錢藥還是要給他們，因爲窮，才欠錢，不忍心再向他催討。」今年87歲的老醫生說。

40多年前，一位住在崙仔給玉錡先生看病的婦女，最近帶著孩子來到退休的老醫生家裡，靦覥地對著玉錡先生說：「先生，以前阮來看病，４元的醫藥費只付你２元，欠

▲日據時，新港3位先後畢業自東京醫學專門學校的醫師。左起林玉錡、陳灑川、何有立。

3人的摩托車，是戰前購自美國人的二手貨。戰爭後期日本敗勢時，物資匱乏，被軍隊「借」去。何有立後來被徵召做隨軍軍醫，船尚未抵戰場，就遭美軍轟炸，葬身海底。

2元一直拖到現此時才來還，連利息錢算一算，200元還先生，好嗎？實在有夠失禮。」說完，從錢包拿出200元要還給林玉錡，老醫生直叫她別掛在心上，微笑婉拒著這昔日的舊帳。

以前交通不方便，出診時，不是坐轎就是坐人力車，有一回，林玉錡半夜坐人力車出診，路又暗、又怕耽誤病情，一直趕，在黑夜裡，車夫連人帶車撞上籬笆；也曾在嘉南大圳旁的小路滑下，翻車摔倒在地。

一次要過北港溪到對岸的元長崙仔出診，擺渡的阿伯沒來，他在岸邊乾著急，一位認識他的路人經過，知道後自告奮勇要背林玉錡過溪，「走到一半，他跌我也落，倆人全身都濕透。」

西庄老保正何士有，在日據時，一次罹患瘧疾，高燒40度一直不退，玉錡先生一看這病不簡單，苦勸何士有入院，不要在家裡拖，何士有就在林玉錡的陪同下，坐著包車

▲在崙仔大橋尚未興建前，元長崙仔和新港崙仔，兩岸往來，大多靠擺渡。

林玉錡一次要到元長崙仔出診，正好擺渡的阿伯沒來，一位路人自告奮勇背他渡河，走到一半時，兩人雙雙跌落水中，全身濕透。

到嘉義的醫院。「一般的醫生那有如此的服務，是人的本質，有的人是死患者，不用死醫生。」何士有說。

1935年，林維朝的次子40歲的林開泰醫生，每逢冬季，氣喘病就加劇，尤其接近聖誕節時，林開泰自覺不行，喘得直發抖，心驚害怕就趕緊叫少他10幾歲的林玉錡前來看護才安心，「玉錡就將家裡、診所放著，8年顧8次，一顧就是3天，坐在椅子上趴著桌子睡，一聽到阮先生乾咳的厲害，就驚醒趕快替伊注射。」林開泰妻子吳秀春說。

當時治療氣喘最有療效的藥是德國製的Asthmolyzin，在林開泰發病的8年裡，因爲戰時藥品欠缺，缺藥時，林玉錡忙著在同業間調藥。「玉錡先生是一位醫德者，伊對阮的人情，到現在我還在懷念。」91歲的吳秀春感激地說。

八七水災時，他跟任職消防隊的弟弟林玉鏡，涉水驗屍寫證明，而這無錢工，別人不做，他挺了出來，盡身爲醫者的本份。

崙仔大火

1963年（民國52年）農曆正月初二的清晨，風呼嘯著。46歲住在南崙的陳王翠蓉，捧著衣服，到 200 公尺外的北港溪畔洗衣服。那時的北港溪十分清澈，可以摸蛤仔，也

◀崙仔大火剛開始時，村人手拿水桶到處舀水滅火，連豬屎水也提著往火裡倒。

整庄都在搶東西，搶棉被、搶衣服，搶……，直到水上機場派來支援的救火車來時，崙仔已燒了近半庄。

是居民的主要用水。

忽然聽到有人呼喊著「火燒厝！火燒厝！」她放下衣桶，急忙爬上溪坎，看見北崙庄頭有好幾間屋子正在燒，她的一位嬸婆正匆忙搬東西出去避火，一堆年菜疊放在桌上，要抬抬不動，叫伊幫忙；伊叫嬸婆把年菜拿下來，一個

▲這場火，從南崙燒到北崙，空中飄散著豬隻、鷄鴨鵝被烤焦的香味。共燒毀了43棟屋舍，百餘隻豬和一名嬰兒。

人背著桌子扛了出去。

正想回家看看，一位表嫂叫住她，幫忙搬衣櫃到溪坎上去避火；她心裡想北崙離家裡還有一段路，火不至於燒那麼快。等搬完東西跑回家，入門時沒看見出門前放在搖籃內的幼囝仔，還沒來得及去找，伊的表嫂大聲喊她，趕快去裝稻穀較要緊；當時整個崙仔庄是烏天暗地，衆人呼號，搶米、搶甘藷、搶衣、搶桌、搶搶搶……

伊也拿起布袋拚命裝，伊跟尪一人一袋扛了出去，慌亂中也沒看見被他人放在埕尾的搖籃，第三袋穀子還沒來得及抬出，火就已經趕來，顧不得家當，大夥趕緊閃躲逃命，抬出的二袋稻穀，慌亂中被人搶走了一袋，厝也燒平。空中飄散著豬隻、鷄鴨、鵝群、鵝蛋被烤焦的香味，而伊出生14天大，最小的查某囝仔也被這場火活活燒死。什麼都燒光，只留下一身沾滿灰燼的衣服。

「想到火災、想到阮火燒死的囝仔，目屎就直直落，哭

▲歷經這次浩劫，厝被火燒的崙仔人，到處借住，三餐吃清甘藷簽過。在借錢、賣園中重新起厝，建立家園。

到歹目采。」78歲的陳王翠蓉在18年前，她的眼睛就再也看不見。

這場大火的起因，是住在北崙的一戶人家，大年初二女兒回娘家時，要蒸年粿來吃，就把灶內的火灰往糞堆一倒，豈料餘燼在大風的吹襲下，飛向一旁的麻黃梗。當年住的多是竹管仔茨，屋旁常堆放草蔀做柴火，火苗隨著南風到處飛竄，一場大火，從北崙燒到南崙，燒毀了43棟屋舍、百餘隻豬和一名嬰兒。

這次的大火對崙仔人來講，是個劫難。70歲的陳張款，仍悸動地說：「火是怪火，會跳、會飛、會過馬路。」住南崙的她聽說火已經快燒到伊阿母那裡，趕快跑去幫忙，把東西搬到溪坎頂，「剛開始大家水桶拿著，古井汲水，河裡舀水，連豬屎水也提著往火裡倒。後來火到處都在燒，拿水都不夠火喝，整庄都在搶，搶棉被、衣服、桌子、……，連搬到馬路放的也被燒。」

家裡人口較多的，就派人爬到厝頂，把布袋弄濕，看到火飛來，就使勁地打……，滅火的水龍車眼看無法撲滅這場大火，請水上機場的救火車前往崙仔援助；那時南港的崙仔，正好有人在燒甘蔗田，天空濃煙密佈，救火車開到南港崙仔時發覺不對，再轉來時，崙仔庄都快燒一半，才把火熄滅。

現年80歲住在南崙的陳桃，當年借了好幾千元，蓋才年餘的四間護龍也被這場火燒毀。厝被火燒，到處借住，三餐吃淸甘藷簽過，她只好又貸款 1 萬 2 千元，分15年償還，來起新厝。「大家搶師父，驚起厝的師父不來，借白米煮給他吃。水火無人情，都掃光！」

崙仔人就在借錢、賣田中重新起厝建立家園。

平和館

台灣武術家的武藝，都傳自中國大陸。在清光緒年間，有一位唐山客「鰐魚師」，行經諸羅縣時，先後在大林、新港、大潭、民雄一帶收徒傳藝。

1902年， 9 歲的黃添木在父母相繼去世後，投靠到開武館的伯父黃元派家，跟在這位「鰐魚師」嫡傳弟子身邊。當時黃元派的武館並沒有立館名，每逢新港熱鬧節慶出陣時，只在旗上書寫「越國」兩字。

大正初年，民雄的「紅毛獅」來新港，尋認同是出自「鰐魚師」門下的師兄弟，而找上黃元派，獲邀前來的前清秀才林維朝，在言談間知道兩邊都是自福建平和縣移民來台，認爲師兄弟應平和相處自勉，乃建議將武館正式命名爲「平和館」。

▶▶平和館第 3 代館主黃松枝，氣力過人；他橫躺在地，上面放一個石臼、一塊牛車板、再一個石臼，最後又站上 4 名男子，總重高達 1 千多斤，令人咋舌！

参代祖傳武術
新港平和館領導

黃元派的同門師兄弟「赤獅」、「大塊闊獅」兩人武藝高強，新港媽祖要去台南時，平和館跟著出陣，回程時，從台南一路拚館回新港，沿路各武館沒有人能滅其威風。平和館也就聲名遠播，沒人敢輕言到新港踢館。

◀1956年農曆3月23日媽祖生日，「平和館」出陣鬥鬧熱，館員於奉天宮後殿留影。

黃添木自小在伯父身邊，不僅精通草藥療用、並習得一身好武藝。當他使出拿手絕招「顫身」功時，旁人都無法近其身，遭他的「冷手」打到，受傷處就從內部開始潰爛起。

林維朝愛其才，想支持他開藥店，在黃添木看來，藥店的生意是「量仔入、戥仔出」（獲利甚多）而婉拒林維朝的美意。

每逢開館授徒時，也由紅毛獅掛名、收館禮，黃添木則義務教授，甚至連損傷接骨也不收紅包。

「古早人在講，貧文富武才有法度，阮爸59歲就去世，要養 9 男 2 女，11個孩子，雖然是窮人底，又堅持查甫囝仔不入贅，查某不做童養媳，以前是闊種卻窄收無法維持家庭，怨嘆而死。」黃添木的 5 子黃善化說，在三七五減租、耕者有其田時，原本承租不少土地耕種的黃添木，卻堅持這些都不是自己親手所賺，只留下菜公厝的承租地，其餘都歸還給地主。

二二八事件後，武館的操練兵器都遭沒收，平和館幾乎要散館。直到1951年左右，黃添木的徒弟張金郎家裡從事斗笠製造，相邀在那裡工作的女孩，利用晚上大夥閒來無事一起打打拳頭。當時12歲的黃善化在鄰居相邀下前往，因爲 7 歲時他就在旁觀看父親教兄長打拳，因此也學會拳術；由於所打的拳路他都會，而成爲這群娘子軍的老師。過了 3 、 4 年人愈來愈多，男人也加入，最多時有 100 多人，練拳頭又在鄉間再次傳開。

各庄頭的頭人、當軍（後援會）出錢出力，利用晚上在空埕操練。1955年，南部七縣市武術比賽，平和館奪得亞軍。每逢過年過節、神明生、結婚時，平和館的獅陣在新港的街上飛舞著。黃海岱的徒弟，住在新港的鄭一雄，其布袋戲正風光時，在廟口和平和館互相拚場，一邊是金光泵泵滾，一邊是咚咚鼓聲牽圈吆喝著……

黃添木過世後， 2 兒子黃松枝繼任平和館第 3 代館主，其力過人，經常躺下身上放塊木板，叫 3 、 4 個人站在上頭練習氣力。有一次黃松枝橫躺在地，上頭放一個石臼再

▲歷經戰時的沈寂，舞鳳軒於1948年，舉行戰後的首度公演。1951年松田醫院開張，舞鳳軒應邀前往排場鬥鬧熱。

圖中雕刻精美的鼓架，是1950年代，舞鳳軒聘請鹿港好幾位師父前來雕刻。師父 1 天工錢約 1 斗米價，花了 1 萬多元才完成。而這筆錢，在當年足足可買 2 甲多地。

橫放牛車板，板上又再放一個石臼， 4 個人同時站在上面，承受 1 千多斤的重量，圍觀的民眾驚呼不已。1970年代，隨著工商業日漸發達，農村人口大量外移，學武的人漸漸少了，平和館也逐漸沈寂。

舞鳳軒・廣興社・清華閣

新港的藝文活動鼎盛，早在 100 多年前，洪粉員創設北管「同樂軒」，其師兄弟 5 人，楨虎仙、東明仙……等，個個都精通樂理。那時，雲嘉南各地如果有子弟戲要請先生開館，一定先找同樂軒，新港因此有「北管巢」之稱。新港北管兼容西皮和福路，有別於頂頭路和下頭路，自成一格叫做「新港路」。

「同樂軒有師父被請到沒師父，後來連二手師人家也爭相著要。」第 4 代弟子徐東海說。

每年農曆正月到 3 月媽祖進香期，北部子弟戲常在奉天

宮前登台演戲，激起同樂軒成員登台的興趣，在師父的指導下，編劇、演練，繼而粉墨登場，頗得好評。後來愛演戲的新班和坐場派的老班意見紛歧，新班另組「舞鳳軒」，爾後新班又分裂，另組「新義軒」。中日開戰，台灣在皇民化運動下，地方戲曲逐漸式微，舞鳳軒只能排場，直

◀1962年新港大道公生時，中庄原名「錦英社」的「廣興社」，來新港演出「楊家將」，是戰後第 1 次登台，戲台上方張貼著觀衆的賞金。

錦英社是中庄九甲劇團，以南管音樂爲主，混雜其他劇種的不同風貌。日據時，是新港盛極一時的劇團，整庄幾乎每戶都有動員，或學戲或出錢或出力。

12歲就加入錦英社，現年78歲的陳歪回憶，有一次在北港登台，演出「穆桂英取木棍」非常轟動，銀票賞金掛滿滿，錦旗、匾額扛不完。

到1948年才又登台演戲。

日據初期，新港子弟戲十分蓬勃，其他有名劇團尙有西庄雅樂社、中庄九甲劇團錦英社等；清華閣是戰後，由林秋林發起組成的南管劇團，目前已散團。

劇團之外，有百年歷史的國樂團鳳儀社，是前清秀才林

▲昔日農夫在田裡除草時，頭戴斗笠，背上覆蓋竹條編成的「龜殼」，涼爽通風又可防止日曬。

▲▲1956年成立的清華閣，是林秋林（前排右3）所倡組的南管樂團。由北港新厝來新港落戶的蔡有朝負責教授，曾粉墨登場演出，目前已散團。

維朝於光緒年間所創立。當時是爲了文昌祠和登雲書院，每年春秋二季祭孔時樂生難覓，因此成立國樂團「鳳儀社」，社名是取自尚書益稷篇「簫韶九成，鳳凰來儀」之意。平日彈唱自娛，祭孔時則擔任樂生。目前是新港最活躍的演出團體之一。

農村曲

戰後，經過三七五減租、公地放領、耕者有其田等農業政策的推動，農民增產糧食，以滿足國民黨政府撤退來台

▲壯年人都下田去了，阿公、阿嬤留在家裡顧孫，這是1950、60年代，繁忙的農村景色之一。

，爆增的 100 餘萬人口的需求。同時也爲台灣工業的發展，做出無可磨滅的貢獻。

1946年出生的何進財，在公地放領時，何家領有 3 分地，就開始種菜。他從小便跟著父親到處賣菜、賣甘蔗葉、茅草，趕著牛車運甘藷到各鄰村叫賣。念書時，書包內經常放著鐮刀，以便隨時能割下牧草給牛吃。放學後，再騎著牛去放牧。「阮爸爸自小就灌輸阮，流汗的錢不會跑，流汗的孩子不會倒，自食其力的觀念。」教育部社教司司長何進財說。

在農村，大人們透早就出門，頂著炎天赤日在田裡操作，一直做到日頭落山時。有勞動力的小孩，也沒閒著，趕鵝、養鷄，放牛、割草，爲家庭經濟貢獻著。

◀一場火燒稻草堆，農人們奮力在搶救。

稻草，是昔日農家重要的財產。窮困人家沒有棉被，冬天在床上舖上厚厚的稻草以取暖；鄉村婦女做飯時，以稻草為柴火；編草繩、做榻榻米時，也少不了它。

那時，邊放牛邊用牛屎烘甘蔗；無患子裡頭的肉，留給母親洗衣服，裡頭的子可以玩彈珠；到處可以灌蟋蟀、黏蜻蜓、踢銅罐仔、玩尪仔標……。「阮囝仔時，玩具都自

己做，不像現代的小孩，都玩『電』的。」新港安和國小老師林柏蒼說。

嫁女兒的時候

嫁女兒、娶媳婦，都是一整個家族的大事。

◀放學了，牽牛吃草，是鄉下小孩重要的工作。堤岸內，暖陽帶著和風吹拂，吃草的吃草，睡覺的睡覺，萬物俱寂……

戰後，汽車取代了花轎，鳳冠蟒襖換成了白紗禮服。昔日迎親的繁文縟節也漸漸廢除、簡化。

女子出嫁的當天，父母特別辦一桌「食姊妹桌」的惜別宴，讓新娘的兄弟姊妹輩一同食「姊妹桌」。新娘先吃一口，長輩在一旁說好話取吉利，兄弟姊妹再依次吃。在席

▲1958年新港李素貞結婚照片。台灣人結婚時，新娘進入夫家，禁忌踏門限，生肖屬虎的人，禁止進入洞房。婚後，新娘初試理廚事時，好命人從旁唸好話，「新娘入灶腳來碰灶，子孫大家都有孝。」以討吉利。

►新娘下車時，以米篩高舉在頭上，祭煞、避邪兼招福。

▲新娘出嫁當天，特別舉行「食姊妹桌」的惜別宴，祝福新人婚姻美滿。

間說些吉祥話，祝福新娘婚姻美滿。新娘向家裡神佛祖先拜拜告別，帶著父母的叮嚀，坐新娘車駛向夫家。

一拜天地，二拜高堂，夫妻對拜，送入洞房。新娘新郎在洞房內「食酒婚桌」，由「好命人」一箸一箸挾給新娘新郎吃，一邊說著吉祥話，「食豬心，給你們同心」、「食甜，生後生」、「食雞，起家」……。這一夜起，新娘

從「頂半瞑食你的米」，到「下半瞑食咱的米」，成爲夫家的一員。

媽祖婆在新港

在每年農曆正月15日，新港奉天宮都舉行媽祖出巡十八

◀1975年，新港奉天宮在信徒的要求下，恢復了停辦 110 餘年媽祖出巡十八庄的傳統。

農曆正月15日，十八庄所有的鐵牛車、陣頭、神轎幾乎全部出動。穿過平野、走過村莊，媽祖一村又一村，帶來了熱鬧和平安。

庄的活動。這項傳統，自笨港天后宮時就有，前後已經有 300 多年歷史，在1862年（同治元年）因彰化戴萬生的反清事件，遭清廷停辦。日據50年當中，也沒有機會恢復，直到1975年，在眾多信徒的要求下，已停辦 110 餘年的傳統，第一次恢復舉行。

此外，1988年 3 月 8 日，新港奉天宮和大甲鎮瀾宮恢復了中斷60年的交香關係。這一天，在開路鑼聲和「報馬仔」的前導下，10多萬信徒齊聚在新港，新港民眾並免費提供吃住，來迎接這全台最盛大的進香活動。

◀久旱無雨的夏季，奉天宮在廟前搭起祈雨法壇，請出媽祖的金身。

「紅頭覡公」在壇上辦法會，旁邊放著裝滿水的水缸，民衆跪地祈雨。這天傍晚，天空就下起毛毛雨來。

「聖母坐在神房內　信徒跪在面前拜　有什麼代誌　講給聖母聽　免講聖母也會知　聖母就會爲你來安排　大事化小事　小事化無事……」每年媽祖婆聆聽近百萬朝拜者的心聲和祈求。

▲1966年 5 月，爲了慶祝奉天宮思齊閣、懷笨樓的落成，奉天宮在廟前舉辦全省遊覽車小姐歌唱比賽；吸引了 700 多位小姐報名，觀賞者更高達 1 萬多人，兩旁屋子的窗台和頂樓陽台上都擠滿人。

►彰化南瑤宮到新港的進香團。

清朝，笨港人楊謙將笨港天后宮的香火袋，遺失在彰化一磚窯內，當地民衆認爲媽祖有意靈鎮彰化，就在發現香火處建今南瑤宮，並組進香團「往笨港進香」至今。

敎育篇

在有國父遺像的地方合照

戰後的台灣，在戰時被壓抑的物價，如火山爆發般巨幅上漲，全島瀰漫惡性通貨膨漲的陰影。

◀二次大戰後，「國父遺像」和「總統肖像」，在校園裡林立著。國父遺囑，取代了明治天皇敕語。

在古民國小擔任教職的李茂宏，領薪水時，得扛著大布袋去裝滿袋的舊台幣，直到1949年幣制改革「4萬換1元」時才截止。當時物資短缺，經濟拮据，有的家裡頭門窗缺玻璃，就利用晚上到學校偷偷地把玻璃摘下。

▲鄭盛（後排右1）、徐羅、陳陸，日據時，新港人稱他們是「三大聖人」。說話新港人會聽，受新港人敬重。

1949年，國民政府撤退來台，100餘萬人移入台灣，當時兵營不夠，軍隊借住學校，新港國民小學30多間教室，被借住近半，操場上常看到阿兵哥在操練基本操。軍隊駐紮的地方，學生不能過去，「連走廊都用稻草和竹子封起來住，生活很艱苦。」當年就讀5年級的鄭茂仁說。過了2、3年，軍隊才慢慢退出校園。

1950年蔣介石復行視事，提出了「一年準備、二年反攻，三年掃蕩，五年成功」的口號，每年的雙十節、光復節晚上，學生提著自己做的燈籠遊行，邊走邊唱著：「打倒俄寇反共產，反共產。消滅朱毛殺漢奸，殺漢奸，……」唱著：「反攻，反攻，反攻大陸，大陸是我們的國土，大陸是……」當年，「國父遺像」、「總統肖像」在校園裡林立著。

▲1953年新港國民學校畢業紀念照，中坐者爲鄭盛校長。

鄭盛47年的光陰都奉獻給教育，大凡40歲以上的新港人多是他的學生。

在1940年代早期，鄭盛經常騎著腳踏車，穿梭在新港街上，做家庭訪問，勸家長讓孩子復學。

鄭盛校長

1922年鄭盛自台南師範學校本科第 1 屆畢業後，即在溪口公學校擔任教諭訓導，1924年回到新港公學校任教。從日據時身穿文官服、頭戴文官帽、腰掛文官刀，到戰後從日籍校長手中接管新港公學校，擔任新港國民學校校長，47年的光陰都奉獻給教育。大凡40歲以上的新港人，多是他的學生。

日據時，公學校畢業後，要升中學得參加考試，鄭盛一直鼓勵家庭困苦的學生認眞讀書，考上了可以向信用組合貸款讀書，畢業後再還。75歲的黃瀾洲就讀新港公學校 6 年級時，放學後鄭盛都留下來幫他們補習，準備參加中學考試，「沒收一錢半角，一直補到電燈亮才回家。」

▲學校推行新生活運動時，吃便當得坐端正，以手就口。

戰後1940年代台灣經濟蕭條，農村生活困頓，失學率很高，學生經常唸到 2 、 3 年級就輟學幫忙家計，拾稻穗、撿甘藷、剝土豆……，老師四處做家庭訪問，鄭盛經常騎腳踏車在新港穿梭，苦勸家長讓孩子復學。當時政府財政拮据，教員有時 3 、 4 個月沒領到薪水，但對於家境困苦的學生，他仍適時伸出援手。59歲的蔡銘森，提到鄭盛馬上讚不絕口：「鄭校長做人眞好！以前阮厝眞窮，赤腳上學、包袱巾做册包，沒錢買筆和簿子，鄭校長知道後，買鉛筆送我，我的老師李東璧送我簿子，用完再送。」

個性溫和有禮的鄭盛，生活嚴肅受人敬重，說話新港人會聽，是位「人格者」。鄭盛每天都最早到校最晚回家，「從來不在學校看報紙，都是等老師看完才帶回家看，隔

◀圖中的學童，隨意靠窗站著吃便當，是新生活運動中的錯誤示範。

◀新生活運動時，要求學生上廁所前，得先敲門，不可以直接打開。

天再帶回學校；私信絕不用公家的信封。」鄭盛的兒子，同樣任教於新港國小的鄭茂仁說。

國民義務教育

1947年開始實施 6 年國民義務教育後，隨著人數的增加

以及老舊教室改建，而有了「二階段教學」，低年級的學生分成上午班和下午班。學校推行新生活運動時，就連吃便當、上廁所都有一定的規矩。

◀學生在沒有桌椅的教室內，席地而坐上課的情景。新港國民學校老舊教室改建時，原有的教室不夠用，低年級就分成有的上午班，有的下午班。

耕種・收成・掃街頭

1950年代新港國小有片菜園共 2 、 3 分地，每星期有 2

節農場實習課，中年級以上一人一股，「一天要看好幾遍，比賽看誰的長較快。用桶子扛學校廁所大小便當肥料，一兼兩顧。」小學時曾歷經實習課的鄭茂仁說。

◀在實習農場種菜、到苗圃拔草，都是1950、60年代，新港小學生共有的記憶。

1963年回到母校任教的吳麗蓉，曾帶領著學生下田，幫忙農夫撿稻穗、捉稻蟲；到收割時，學校是重要的曬穀場。「在那時，一切以農作物為優先。」她說。

▲參與社會服務、協助環境衛生，是1950、60年代學生重要的課外活動。

每個月學生要定期做社區服務，清水溝、掃街路。全鄉清潔活動日時，學校提早放學，學生拿著掃帚、畚箕加入社區清潔活動，甚至到西庄、大潭其他村落幫忙打掃。「以前的囝仔較勇！實實在在做社區環保。」鄭茂仁說。

▲▲高麗菜、大頭菜……，喜歡種什麼就種什麼，收成時再各自帶回家。

砂眼・頭蝨・流行病

日據時，各州都設有「保健組合聯合會」，負責瘧疾、

▲學生拿著掃帚，正在清掃奉天宮前馬路。1950、60年代，新港國民學校的學生，每個月都要定期做社區服務，清水溝、掃街頭。

砂眼的防疫工作。新港則設有「砂眼治療所」，由醫務助手、公醫前往各保輪流檢驗，檢驗出有砂眼而沒有前往治療的，「大人」就調去查問。

戰後，台灣農村歷經戰火的洗劫，加上防疫工作中斷3、4年，整個衛生狀況急速退步，直到1960年代，砂眼、頭蝨·臭頭、蛔蟲仍是當時很普遍的學生流行病。

戰後初期治療蛔蟲，仍沿襲日據時的老方法，煮一大鍋

▲同學間互點砂眼藥膏，是1950、60年代學生，共同的記憶。

在衛生條件落後的當年，衛生所的保健員，在學校大力宣導，每個人要有自己的毛巾，洗臉水不要共用……

的海人草，各村庄、各學校一個個叫來喝。1946年入學的林柏蒼曾喝過味道很臭腥、很難喝的海人草來治蛔蟲，每個人喝了1、2碗，隔天排便蟲就排出來。那時男生頭上只要長癬，準剃金光閃閃的光頭，「阮媽媽就用蒜頭，在頭上一直搓，到我畢業後學校才有用藥抹。」林柏蒼說。

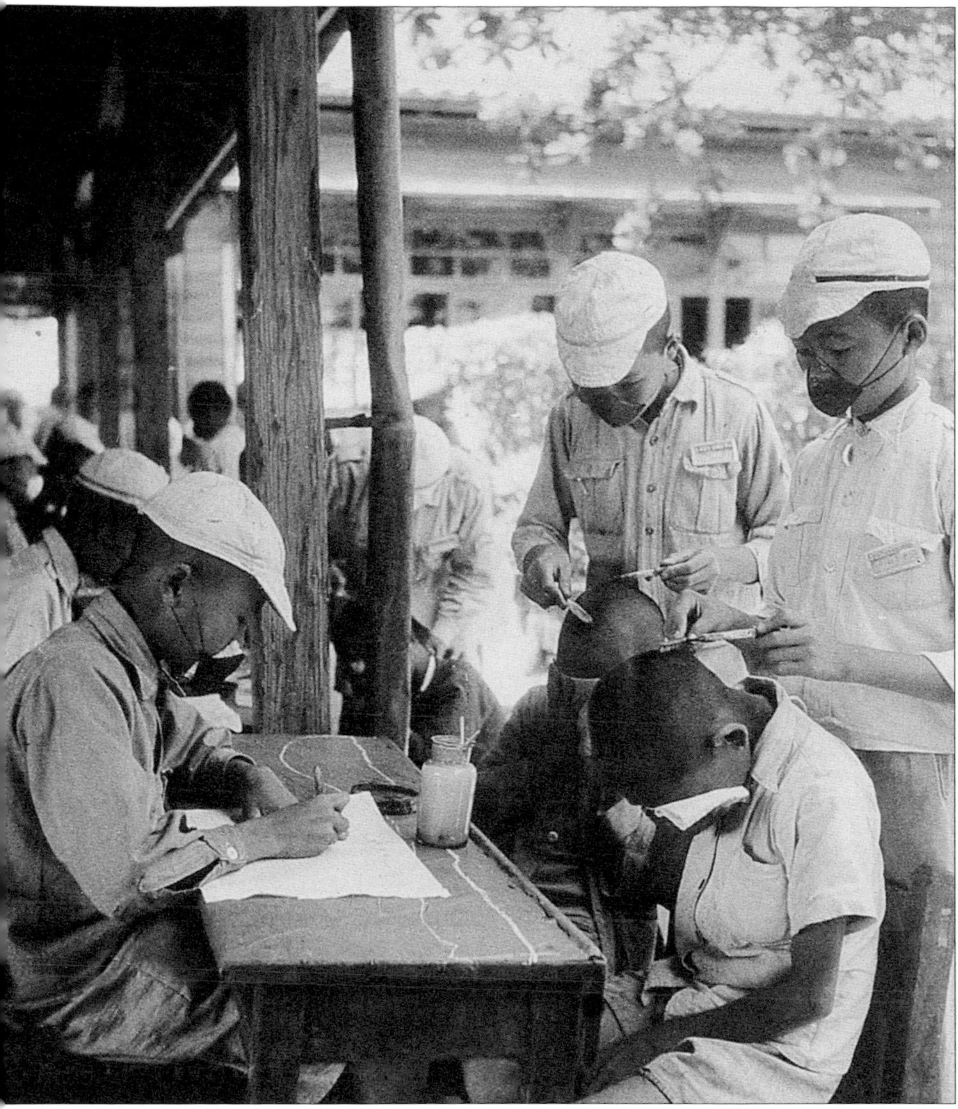

▲二次大戰後，台灣農村歷經戰火的洗劫，衛生狀況急速退步。直到1960年代，砂眼、頭蝨、頭癬是很普遍的學生流行病。

1961年聯合國衛生組織協助台灣防治砂眼，治療3萬8千人。

1960年代就讀新港國小的李淑華回憶說，當時全班女生大多有長頭蝨，上學時每人帶著布巾，等老師噴完藥後包裹著頭髮，回家後再解開洗頭，「阮媽媽叫我去向豬販討

豬膽來，把它弄破用來洗頭。一下課，沒時間玩溜滑梯，全班女生圍成一圈『打箍仔』，互相捉頭蝨。」她說。

旅行去台北

不管是坐大線火車（縱貫線）或台糖的五分車去旅行，都是昔日鄉下孩子最興奮的大事。

半夜就起床，搭清晨 3 點台糖的五分車專車到嘉義，接 4 點多開往台北的大線火車，到達時已經是下午。

帶著布巾，包裹著母親的關懷，來到台北旅行。看總統府、遊博物館，從新公園走到圓山動物園，再走……

◀帶著布巾，包裹著母親的關懷，一群新港、古民國小的畢業生，來到台北旅行。領隊老師與衛兵交涉後，頂著3分頭、衣著輕鬆的鄉下學生，在總統府前留下難得的鏡頭。

◀1952年新港、月眉、古民國民學校聯合北部旅行時，在新北投的「嘉賓閣旅社」前合影。

住小旅社，睡大通舖，1、20個人擠一間，吱吱喳喳興奮的睡不著，是畢業旅行另一種樂事。

件事讀書耕

【肆】有土地，有家園

有土地，有家園

多變的世界，阿爸的教示，阿母的盼望，是阮永遠的力量。

不分富或窮，幸或不幸，只要有你來牽成，阮會永遠記

在心。

艱苦的老父和阿母，只有盼望一代又一代，不管是做牛或做馬，有土地，有家園，咱就不要忘記犁，不管世事多變化，有土地，有子孫，犁，永遠是咱的。犁，永遠是咱的……

台灣
是你我的家園　此頁獻給
爲這片土地深耕的
您和您的家人

〈後記〉打開新港人的相簿 重現歷史的光華

4月，第一道南風，拂過平原的每一角落。

從埔里初到新港，對看慣起起落落山形的我，一下子置身一片平野中，身，不知所措；心，幾許落寞。新港，這個平淡保守的鄉鎮，對我是十足的陌生。因嘉展要寫新港的《老鎮新生》，而與此結緣，而這緣，是愈拉愈長……

300多年前，漢人登台的歷史，在這裡起轉。300多年來，它，飽受洪水、地震、械鬥、瘟疫威脅的老鎮，化身作新港，仍爲它在現代社會的生存奮力著。它，像座老井，沈靜不瀾。

1994年，新港文教基金會承辦嘉義縣文藝季活動，一項以老照片傳遞「從古笨港到新港的故事」，在鄉裡展開尋找老照片的活動，我和嘉展尚未展開實際行動前，基金會資深義工李明謀知道後，從洪宗光醫師那兒，抱來一本保存很好的家族照，百年前的照片現身。

1959年新港消防隊送交縣府八七水災的照片，在30多年後失而復得，消防隊分隊長退休的林玉鏡將它送交基金會保管，才有機會讓現今新港的孩子，看他們的父祖輩，歷經洪水的再次洗練又新生屹立。

海報、傳單、在鄉裡傳開。西庄的老保正何士有，到林牙科那兒看牙疾，熱心的牙醫師跟他問道：「何先生，您以前做過保正，應該有老照片吧？」一句參與的話，又多了一位見證者。鄭盛校長保留從新港公學校到新港國民學校，豐富的照片檔案，由鄭茂仁老師熱心提供。基金會在新港紮下的根，讓老照片蒐集的工作，更容易展開。阿在伯、蔡玉村、林華嵩、林英敏、何采薇、陳坤海、李魁俊……所有照片的提供者和受訪者，因爲有這麼多熱心的人，才有這本書的成形，謝謝您們！在文藝季過後，台北的林煥然，從姑媽那兒，借來林維朝喪禮的照片、高雄的何欣三送來其昔日家族照，讓一批批老照片再次返鄉。林華有先生更慷慨贊助後期翻拍所有底片的費用。

▲受訪的耆老，仔細辨識照片中人物的情景。

文藝季時，在新港國小的活動中心展覽，一位新港出生屏東長大的小姐，從報上獲知消息，她獨自一個人坐車到新港，閃著淚光，這些原本塵封的老照片，讓她與父母成長的臍帶再次連接；第二天，她帶父母再次到會場，回首看他們走過的從前。

故事每天在會場上演，有人連看５、６遍，子帶老母，阿嬤帶孫；新港家園的歷史，突然變得鮮活起來、親切起來，新港不再是個陌生、無情的地名。

封塵已久的老照片，早已遠離歷史的紛爭，這片土地上的生活者，他們的悲、他們的喜澆灌著歷史的花蕾，賦予它血肉，見證著……

讓每一張老照片的背後，說故事。打開新港人的相簿，重現歷史的光華。

老井不瀾，但，投石下去……

【特別感謝】

特別感謝新港文教基金會的協助及張炎憲教授的校正、遠流出版公司精心的後製作；以及爲這些影像留下記錄，不知名的攝影者。更要感激鄉親們提供照片及協助，沒有他們的無私奉獻與努力，就沒有本書的誕生。他們是——

王乃謙　李安邦　李魁俊　李東壁　李東洋　李文攸　李淑華　李明謀　李陳正雪
何士有　何欣三　何庭槐　何采薇　何來朝　奉天宮　林華嵩　林清泉　林　在
林玉錡　林玉鏡　林松茂　林光閭　林洸沂　林華有　林英敏　林出平　林獻平
林柏蒼　林秋林　林振邦　林碧堯　吳秀春　吳灑泓　洪松田　洪宗光　洪恭鐘
許四川　徐東海　徐仁鋼　陳坤海　陳瑞祥　陳國村　陳　生　陳瑞蓮　陳慧如
張鈺杰　黃哲永　黃瀾洲　黃聲遠　黃政鷺　黃善化　董花園　蔡玉村　鄭朗雲
鄭茂仁　鄭癸顯　賴蕙卿　蔣　乾　蔣月霞　蕭錦綿　（按姓氏筆劃排列）

【參考書目】

- 諸羅縣志……周鍾瑄著
- 嘉義管內采訪册……台銀經濟研究室編印
- 勞生略歷……林維朝著
- 新巷庄勢要覽……新巷庄庄役場編印
- 台灣人物誌……大園市藏著
- 怡園吟草……林維朝著
- 新港奉天宮志……林德政著
- 清代水師名將王得祿傳略和年譜……杭州大學徐明德著
- 發現台灣……天下編輯著
- 台灣的殖民地傷痕……王曉波編
- 台灣風物第43卷第 2 期……台灣風物雜誌社
- 日本過台灣……廖慶洲著
- 台灣四百年庶民史……陳浩洋著
- 日本帝國主義下之台灣……矢內原忠雄著
- 日本帝國主義下的台灣……涂照彥著
- 農復會與台灣經驗……黃俊傑著
- 台灣經濟發展40年……林鐘雄著
- 台灣民變的轉型……翁仕杰著
- 羅漢腳——清代台灣社會與分類械鬥……林偉盛著
- 台灣拓殖史及其族姓分布研究……潘英著
- 台灣風俗誌……片岡巖著
- 增訂台灣舊慣習俗信仰……鈴木清一郎著
- 台灣紀事……莊永明著
- 台灣懷舊……松本曉美＋謝森展合著
- 台灣回想……松本曉美＋謝森展合著
- 日據時期神道統制下的台灣宗教政策……陳玲蓉著
- 嘉雲平野二二八……張炎憲等採訪記錄
- 新港文教基金會會訊……新港文教基金會
- 老鎮新生……廖嘉展著

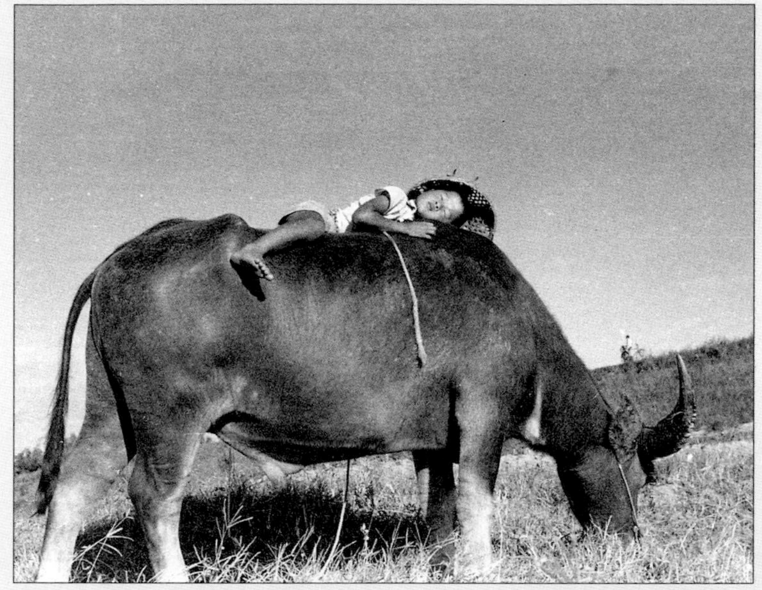

【圖片來源】

●9、138、221　顏新珠攝●10、12、93、96　林出平提供●14　林華嵩提供●15　陳春惠繪製●16、18、19　王乃謙提供●21、22、23上、148左、215左下、218上中、218下中　林光閭提供●23下、24、25、50左　徐仁鋼提供●26、27、89、90、91、92、120、121、213右上　洪宗光提供●28、30、31、32、33、34、35、44、48、53、60、61、71上、72、101下、108、109、114、122、123上、125、133、137、213右中1、218中　蔡玉村提供●36、42、43、52、74下、77上、98下、102、103、124上、214左上、214右上、215中下、217右上　何欣三提供●37、105下　洪恭鐘提供●38、39、116、124下、217左上、217右下　李魁俊提供●41、54、55、56、57、58、59、62、63、74上、75、76、111、118、119、123下、213右中2、218左上、218右下　何士有提供●45　何庭槐提供●46　中央圖書館台灣分館提供●47、110、127　陳瑞祥提供●49、94、95、98上、104、105上、106、107　林松茂提供●50右、51、97、213右下、214右下、217中、218右上、218左下　林英敏提供●64、65、66、67、128　林在提供●69、73、77下、99、115、214左下　蔣月霞提供●71下、117、129、130、131、134、135、136、152、162　林玉鏡提供●78、79、80、81、82、83、84、85、86、87、88、101上、112、113、140、141、191、192、193、194、195、196、197、198、199、200、201、202、203、204、205、206、207、216下　鄭茂仁提供●100　陳瑞蓮提供●126　陳生提供●142、165、178下、179、180、181、182、183　林英敏攝●144、145、178上　林秋林提供●146、153、154、155、156、157、158、159、160、161　林玉鏡提供・李東璧攝●147　董花園提供●148右　李陳正雪提供●149左　林獻平提供●149右　黃政鷺提供●151、166、167、168、176、177、186、187、188、189、190　李文攸攝●163右上、164　林玉錡提供●169　陳錦煌提供●171、172、173　黃善化提供●175　洪松田提供●184上、216左上、216右上　李淑華提供●184下、185　李東洋提供●208、210、211　林碧堯提供●212　賴蕙卿提供●215上　黃聲遠提供●215右下　吳灑泓提供

國立中央圖書館出版品預行編目資料

打開新港人的相簿／顏新珠編著.--初版. --
臺北市：遠流，民84
面； 公分.--（歷史照相館；1）
參考書目：面
ISBN 957-32-2638-3（平裝）

1.嘉義縣新港鄉－社會生活與風俗
2.嘉義縣新港鄉－照片集

673.29/125.4 84009052

歷史照相館 1

打開新港人的相簿

總策劃——莊展鵬　主編——王明雪　美術主編——唐亞陽
副總編輯——黃盛璘　文字編輯——張詩薇　資深美編——陳春惠

編著——顏新珠
發行人——王榮文
出版發行——遠流出版事業股份有限公司　台北市南昌路 2 段81號 6 樓
郵撥：0189456-1　電話：(02)2392-6899　傳真：(02)2392-6658
著作權顧問—蕭雄淋律師
法律顧問——王秀哲律師・董安丹律師
協力——新港文教基金會　嘉義縣新港鄉新中路305號　電話：(05)374-5074
輸出印刷——中原造像股份有限公司
□1995（民84）年9月20日　初版一刷　□2007（民96）年6月10日　二版一刷

行政院新聞局局版臺業字第1295號
定價／新台幣 350元（缺頁或破損的書，請寄回更換）

ISBN 957-32-2638-3